Lexikon der HANDBALLER

Autor: Oliver Treptow
Vorwort: Erhard Wunderlich
Gesamtherstellung: Komet Verlag GmbH, Köln

ISBN-10: 3-89836-605-7
ISBN-13: 978-3-89836-605-2
www.komet-verlag.de

Bildnachweis
Horst Müller, Düsseldorf: S. 20, 43, 68, 86, 87, 94, 108, 119, 126, 150, 169, 191, 198, 206, 216, 231, 236, 247, 248, 252; Cover (10)
Alle übrigen Abbildungen: dpa/picture alliance GmbH, Frankfurt/Main

INHALTSVERZEICHNIS

VORWORT

Lieber Handball-Fan,

es freut mich, als „Handballer des Jahrhunderts" diesem „Lexikon der Handballer" ein Vorwort mit auf dem Weg zu geben.

Handball ist einer der aufregendsten und schnellsten Sportarten der Welt. Daher ist es wichtig, über Handball zu informieren und die Kenntnis über diese Sportart weltweit zu verbreiten.

Handball hat alles, was Sport allgemein so faszinierend macht: Schnelligkeit, Reaktion, Kraft, Taktik, Spontaneität und Ausdauer,

Der jugoslawische Nationalspieler Mile Isakovic prüft im Finale der Olympischen Spiele 1984 den deutschen Torhüter Andreas Thiel.

renen wie Manfred Hofmann im Tor und Kapitän Horst Spengler, daneben Heiner Brand und Kurt Klühspies sowie die jüngeren wie Joachim „Jo“ Deckarm und Erhard Wunderlich.

Sie alle belebten mit ihrem Erfolg eine deutsche Sportart. Schließlich gilt der Berliner Oberturnwart Maxe Heiser als Vater des Spiels, der 29. Oktober 1917 als Geburtstag des Handballs. An diesem Tag legte Heiser fest, dass sein 1915 für Frauen entworfenes Spiel nicht mehr Torball, sondern Handball heißen soll. Er stellte eindeutige Regeln für das damals noch körperlose Spiel auf. Turnlehrer Carl Schelenz entwickelte dieses Spiel zwei Jahre später weiter und erlaubte Zweikämpfe, verkleinerte den Ball und führte das Prellen ein. Spielfeld, Mannschaftsgröße und Schiedsrichter übernahm er kurzerhand vom Fußball.

Von Deutschland aus startete das Spiel seine Reise in die gesamte Welt: 1921 die erste deutsche Meisterschaft, 1925 das erste Länderspiel, 1928 Gründung der Internationalen Amateur Handball Föderation, und 1936 war Handball erstmals olympisch. Deutschland gewann, wie auch zwei Jahre später die erste Hallen-Weltmeisterschaft im eigenen Land. Die Bedeutung des Feldhandballs nahm stetig ab, auch wenn bekannte Spieler der 1950er und 1960er Jahre wie Bernhard Kempa oder Hinrich Schwenker beide Varianten des Spiels mit Erfolg betrieben. 1966 fand die letzte WM auf dem Großfeld statt und 1975 wurde der letzte deutsche Großfeldmeister ermittelt. Die Olympischen Spiele von München 1972, als Handball nach 1936 zum zweiten Mal olympische Disziplin wurde, beendeten die Ära Feldhandball endgültig. Und durch den zweiten WM-Triumph in der Halle – 40 Jahre nach dem Sieg bei der ersten WM 1938 – war das Mutterland des Handballs wieder wer.

Sechs Jahre nach dem Triumph von Kopenhagen sollte eine neue Generation von sich reden machen. Wieder spielte sich eine fast unbekannte deutsche Mannschaft in das Finale eines Großereignisses. Erst durch den Boykott der osteuropäischen Staaten für die Olympischen Spiele 1984 qualifiziert, nutzte die junge Mannschaft von Bundestrainer Simon Schobel die Gunst der Stunde und unterlag erst nach hartem Kampf Jugoslawien mit 17:18; mit dabei Andreas Thiel, Martin Schwalb und Jochen Fraatz.

Aus deutscher Sicht sollten Jahre vergehen, bis die Nationalmannschaft wieder Erfolge vorweisen konnte. Während die Vereinsmannschaften international immer zur ersten Adresse gehörten, kam die DHB-Auswahl nach dem Zwischenhoch mit EM-Bronze 1998 in Italien erst im neuen Jahrhundert wieder zu Erfolgen. Die Vizeweltmeisterschaft 2003 in Portugal war der vorläufige Höhepunkt einer neuen Ära –Handball erreichte in Deutschland eine neue Dimension: Vom Amateur- zum Profisport und schließlich zum Medienereignis. Neue Typen wie Stefan Kretzschmar, Volker Zerbe oder Christian Schwarzer prägten den Sport. Die Krönung folgte ein Jahr später bei der Europameisterschaft: Nach 26 Jahren gewann die deutsche Nationalmannschaft wieder einen

Die deutsche Nationalmannschaft feiert den Gewinn der Europameisterschaft 2004.

internationalen Titel. Bei den Olympischen Spielen 2004 in Athen sorgte die DHB-Auswahl ebenfalls für bleibende Momente: Besonders das Viertelfinale gegen Spanien ist schon jetzt ein Klassiker. Unvergessen die Leistung von Henning Fritz im Tor, als er im Siebenmeterwerfen keinen Ball kassierte. Dass am Ende „nur" die Silbermedaille herauskam, schmälerte die Leistung in keiner Weise. Im Gegenteil: Die sportlich faire Haltung in der Niederlage machte diese Generation nur noch sympathischer.

Doch auch andere Länder haben große Namen hervorgebracht. Die

Die deutschen und schwedischen Handballer Stefan Kretzschmar, Magnus Wislander, Volker Zerbe, Staffan Olsson, Mark Dragunski, Klaus-Dieter Petersen und Christian Schwarzer (v.l.) verabschieden sich im Oktober 2004 aus ihren Nationalmannschaften.

meisten kennt man auch aus der Bundesliga, die seit Jahren als stärkste Liga der Welt gilt. Superstars wie die Welthandballer Magnus Wislander, Jackson Richardson, Andrej Lawrow oder Talant Duschebajew zeigten allesamt ihr Können in deutschen Vereinen; mit ihren Nationalmannschaften errangen sie zahlreiche Erfolge.

Und so hat jede Generation, jede Nation ihre Helden. Sie haben Geschichte und Geschichten geschrieben. Beim Lesen dieses Buches werden viele davon wieder ins Bewusstsein rücken, einige werden neu sein, manche werden auch fehlen. Und spätestens am 4. Februar 2007, dem Tag des WM-Finals in Köln werden neue hinzukommen.

Legende der statistischen Angaben

Land: Angegeben ist die Nation, für die der Spieler Länderspiele absolviert hat, diesem Land entspricht auch die jeweilige Nationenflagge.

Geburtsdatum: Die Geburtsdaten einiger älterer Spieler konnten nicht immer eindeutig geklärt werden.

Position: TW – Torwart, LA – Linksaußen, RL – Rückraum Links, RM – Rückraum Mitte, RR – Rückraum Rechts, RA – Rechtsaußen, KM – Kreisläufer

Länderspiele: Angegeben ist die Anzahl der absolvierten Länderspiele. Da der Handball-Weltverband und einige nationalen Verbände keine offiziellen Statistiken führen, wurden nur bei den Spielern die Anzahl der Länderspiele angegeben, die sicher ermittelt werden konnte.

WM-Teilnahmen: Aufgeführt sind alle Weltmeisterschafts-Turniere, bei denen der Spieler im Auswahlkader seines Landes stand.

Stationen: Aufgeführt sind die wichtigsten Vereine, für die der Spieler gespielt hat.

Redaktionsschluss: 31. August 2006

ABA

Joel Abati

Die Entdeckung des auf der französischen Insel Martinique aufgewachsenen Joel Abati war großer Zufall. Die Mannschaft von L'Espoir de Floréal aus Fort de France gewann mit ihm 1989 die Inselmeisterschaft und qualifizierte sich für die Meisterschaft der französischen Übersee-Territorien. Bei diesem Turnier machte der 1,91 Meter große und 84 Kilogramm schwere Linkshänder nachdrücklich auf sich aufmerksam. Der französische Nationalcoach Daniel Constantini sorgte dafür, dass Abati ins französische Mutterland wechselte. Über mehrere Stationen landete Abati, der als Linkshänder sowohl im Rückraum als auch auf der Außenposition spielen kann, 1997 beim SC Magdeburg, wo er einige Erfolge feierte. Der bedeutendste war zweifellos der Gewinn der Champions League 2002. Dazu gewann er mit dem SCM die deutsche Meisterschaft sowie zweimal den EHF-Cup. Noch größere Erfolge verzeichnete der Torjäger mit der französischen Nationalmannschaft. Nach seinem Debüt 1995 wurde er 2001 Weltmeister und sicherte sich bei der Europameisterschaft 2006 ebenfalls den Titel, obwohl er sich gerade erst von einem Schienbeinbruch erholt hatte. Zweimal wurde er mit der Auswahl seines Landes WM-Dritter. Nur der Sieg bei Olympischen Spielen fehlt in Joel Abatis Titelsammlung.

Land: Frankreich
Geburtsdatum: 25.04.1970
Position: RR, RA

Länderspiele: 165
WM-Teilnahmen: 2001, 2003, 2005

Stationen: Saint Michel/Orge, Levallois, US Gagny, US Créteil, SC Magdeburg

Marcus Ahlm

Erst im Alter von 17 Jahren entschied sich Marcus Ahlm für den Handballsport und gegen Fußball. Dieser Entschluss und zusätzlich hartes Training sollten sich für den 2 Meter großen Kreisläufer lohnen, der in Schweden bereits als legitimer Nachfolger des legendären Magnus Wislander gehandelt wurde. Schon 2001, also vier Jahre später, gab er sein Debüt in der schwedischen Nationalmannschaft und gehörte 2002 zum Team des neuen Europameisters, das im Finale gegen Deutschland nach Verlängerung erfolgreich war. Allerdings wurde Ahlm im Finale nicht eingesetzt. Ein Jahr später wechselte Schwedens Aufsteiger des Jahres 2002 zum THW Kiel. Bereits in seiner ersten Bundesliga-Saison war Ahlm, der zudem auch in der Deckung eine echte Größe ist, bester Torschütze seiner Mannschaft und gewann mit Kiel den EHF-Cup. 2005 und 2006 folgte dann die deutsche Meisterschaft. Mit der Nationalmannschaft war er weniger erfolgreich. Bei der EM 2004 belegte Schweden Rang sieben und verpasste damit die Olympia-Qualifikation, und auch bei der WM 2005 enttäuschte die Nationalmannschaft mit Platz elf. Dennoch wußte der studierte Chemiker Ahlm mit 40 Turniertreffern zu überzeugen und wurde in seinem Heimatland zum Spieler des Jahres gewählt.

Land: Schweden
Geburtsdatum: 07.07.1978
Position: KM

Länderspiele: 100
WM-Teilnahmen: 2003, 2005

Stationen: Härlövs IF, IFK Kristianstad, Alingsas HK, IFK Ystad, THW Kiel

AND

Kim Andersson

Kim Andersson setzt beim THW Kiel die Tradition der guten schwedischen Handballer fort. Der rechte Rückraumspieler gilt als eines der größten Talente Schwedens. 2005 gewann er mit der Auswahl seines Landes den Supercup und war einer der überragenden Spieler des Turniers. Gelernt hat der Linkshänder seinen Sport bei Kävlinge HK. Über Ystadt IF kam er zu IK Sävehof und wurde zweimal Schwedischer Meister. Schon in jungen Jahren wurde das Talent des Zwei-Meter-Mannes sichtbar, so wurde er beim Gewinn der Junioren-Weltmeisterschaft 2003 zum besten Spieler des Turniers gewählt. Im Sommer 2005 wechselte Kim Andersson in die Bundesliga nach Kiel. In seiner ersten Saison erzielte der Rückraumspieler 144 Treffer in 34 Bundesligaspielen und wurde mit dem THW auf Anhieb Deutscher Meister.

Land: Schweden
Geburtsdatum: 21.08.1982
Position: RR

Länderspiele: 93
WM-Teilnahmen: 2005

Stationen: Kävlinge HK, Ystad IF, IK Sävehof, THW Kiel

Magnus Andersson

Mit insgesamt sechs Medaillen bei Weltmeisterschaften gehört Magnus Andersson zu den erfolgreichsten Handballern. Zweimal gewann er mit der schwedischen Auswahl den Titel (1990, 1999), belegte 1997 und 2001 den zweiten Platz und wurde zweimal Dritter (1993, 1995). Außerdem wurde Andersson mit Schweden dreimal Europameister (1994, 2000 und 2002) und gewann bei den Olympischen Spielen 1992 in Barcelona die Silbermedaille. Dabei hätte Andersson auch als Fußballer Karriere machen können, denn auch in dieser Sportart gehörte er zur Junioren-Auswahl seines Landes. Er entschied sich schließlich für Handball und stieg mit SAAB Linköping in die erste schwedische Liga auf. Nach mehreren Meisterschaften und Pokalsiegen mit Drott Halmstadt wechselte er nach Norwegen zu Stavanger IF, wo er die Möglichkeit hatte, sich ganz auf den Sport zu konzentrieren. 1992 holte er mit seinem Verein das Double. Der geniale Spielmacher verstand es glänzend, trotz seiner für einen Handballer geringen Größe von 1,80 Meter, seine Mitspieler mit Spielwitz und Phantasie in Szene zu setzen und gleichzeitig torgefährlich zu sein. Magnus Andersson, der beim Supercup 1991 zum besten Spieler des Turniers gewählt wurde, wechselte später in die Bundesliga.

Land: Schweden
Geburtsdatum: 17.05.1966
Position: RM

Länderspiele: 307
WM-Teilnahmen: 1990, ’93, ’95, ’97, ’99, 2001

Stationen: Drott Halmstadt, Stavanger IF, TuS Schutterwald, GWD Minden

Alexander Anpilogow

Mit der Nationalmannschaft wurde Alexander Anpilogow 1982 in Deutschland Weltmeister. Im Finale bezwangen die Handballer aus der Sowjetunion Jugoslawien mit 30:27 nach Verlängerung. Der Linkshänder im rechten Rückraum der sowjetischen Auswahl war bereits 1978 im Finale von Kopenhagen dabei gewesen, als man völlig überraschend der deutschen Mannschaft unterlag. Nach dem Debakel der Sowjetunion bei der Weltmeisterschaft 1986 in der Schweiz, als der amtierende Weltmeister den zehnten Platz belegte und in die B-Gruppe abstieg, war die Nationalmannschaftskarriere von Alexander Anpilogow, der bei den Olympischen Spielen 1976 in Montreal Gold und 1980 in Moskau Silber gewonnen hatte, beendet.

Land: Sowjetunion
Geburtsdatum: 18.01.1954
Position: RR
Länderspiele: k. A.
WM-Teilnahmen: 1978, 1982, 1986
Stationen: Burewestnik Tbilissi

Gregory Anquetil

Die Auszeichnung zum besten Rechtsaußen des Jahres in Frankreich hatte der 1,78 Meter große Gregory Anquetil Anfang des Jahrhunderts abonniert – gleich siebenmal in Folge gewann er diesen Titel (1999 bis 2005). Ebenso wurde er in seinem Heimatland zum besten Rechtsaußen des Jahrhunderts gewählt. Anquetil hat sowohl in der französischen Nationalmannschaft als auch im Verein zahlreiche Erfolge vorzuweisen. So wurde er in Island 1995 und 2001 im eigenen Land Weltmeister und zudem zweimal WM-Dritter (2003, 2005). Bei drei Olympischen Spielen verpasste er mit der französischen Auswahl die Medaillenränge nur knapp – 1996 (4. Platz), 2000 (6. Platz), 2004 (5. Platz). Auch bei Europameisterschaften blieb „Greg" ohne Edelmetall. Im Verein gewann Anquetil, der bereits seit seinem fünften Lebensjahr Handball spielt, 2003 die Champions League. In einem spannenden Finale drehte er mit Montpellier HB das 19:27 aus dem Hinspiel bei Portland San Antonio vor eigenem Publikum mit 31:19. Der risikofreudige Handballer, dessen Spiel geniale Momente aber auch Anfängerfehler aufwies, wurde siebenmal Französischer Meister, fünfmal Französischer Pokalsieger und gewann einmal den nationalen Ligapokal.

Land: Frankreich
Geburtsdatum: 14.12.1970
Position: RA

Länderspiele: 169
WM-Teilnahmen: 1995, 2001, 2003, 2005

Stationen: ESM Gonfreville l'Orcher, Montpellier HB

ARA

Kristjan Arason

Zum Abschluss seiner Bundesligazeit, gewann Kristjan Arason 1988 mit dem VfL Gummersbach die deutsche Meisterschaft und stand als einer der besten Spieler der Saison in der Mannschaft des Jahres. Arason, der in der Abwehr wie im Angriff gleichermaßen glänzte, wusste auch als Torschütze zu überzeugen. Der Isländer wurde in seiner Heimat viermal Torschützenkönig und dreimal zum Handballer des Jahres gewählt. Nach der WM 1986, wo er mit der Auswahl seines Landes den sechsten Platz belegte, wechselte der Linkshänder zur SG Hameln in die zweite Liga. Nach dem Aufstieg ging er zum VfL Gummersbach und von dort weiter zu Teka Santander. Dort feierte er 1990 den Gewinn des Europapokals der Pokalsieger. Mit der Nationalmannschaft erreichte er 1984 bei den olympischen Spielen in Los Angeles den sechsten Platz und wurde vier Jahre später bei den Spielen in Seoul Achter. 1991 musste der Linkshänder nach einer schweren Schulterverletzung zweimal operiert werden. Er kehrte daraufhin als Spielertrainer nach Island zu seinem Heimatverein Hafnarfjördur zurück. Während seiner Trainerlaufbahn machte er insgesamt drei Jahre lang Station in Deutschland und betreute Bayer Dormagen und die SG Wallau-Massenheim. Heute arbeitet er bei einer Bank in Island.

Land: Island
Geburtsdatum: 23.07.1961
Position: RR

Länderspiele: 243
WM-Teilnahmen: 1986, 1990

Stationen: FH Hafnarfjördur, SG Hameln, VfL Gummersbach, Teka Santander

Einleitung

Es gibt diese Momente, die sich für immer ins kollektive Gedächtnis gebrannt haben. Im Sport sind sie meist verbunden mit großen Erfolgen oder dramatischen Niederlagen, festgemacht an Namen und Gesichtern. In Deutschland ist der Gewinn der Weltmeisterschaft 1978 auch heute noch fest in der Erinnerung verankert: Mit 20:19 besiegte die DHB-Auswahl im Finale von Kopenhagen völlig überraschend die Sowjetunion. Es war ein Triumph des Kollektivs, und doch sind es einzelne Spieler, die von diesem historischen 5. Februar im Gedächtnis bleiben und der Mannschaft ein Gesicht geben. Da gab es die Erfah-

Die deutsche Weltmeistermannschaft von 1978

und er verkörpert auch die Werte, für die der Sport allgemein steht: Leistung, Respekt, Fairplay und Freundschaft.

Der Hallenhandball hat seit seiner Einführung bei Weltmeisterschaften und Olympischen Spielen weltweit, sowohl im Breitensport als auch auf der professionellen Ebene, vielen Menschen Freude und spannende Stunden beschert.

Wir, liebe Handballfreunde aus Deutschland, stehen nach 25 Jahren wieder im Mittelpunkt dieser faszinierenden Handball-Welt, mit der XX. Hallenhandball-Weltmeisterschaft vom 19.01. bis 04.02.2007 hier im eigenen Land.

Freuen wir uns auf die Trainer-Strategen, die Spieler und die Fans aus aller Welt. Tauchen wir ein in das Ereignis Handball-Weltmeisterschaft 2007 in Deutschland mit einem noch nie dagewesenen Interesse in der breiten Öffentlichkeit. Dieses Lexikon bietet Ihnen schon im Vorfeld alle wichtigen Informationen zu den besten Handballspielern aller Zeiten.

Zlatan Arnautovic

Sowohl bei den Olympischen Spielen 1984 in Los Angeles als auch bei der darauffolgenden Weltmeisterschaft in der Schweiz war Zlatan Arnautovic der große Rückhalt der jugoslawischen Nationalmannschaft. Im Olympia-Finale sicherte er gemeinsam mit seinem Nationalmannschaftskollegen Mirco Basic das knappe 18:17 gegen die Bundesrepublik Deutschland mit Erhard Wunderlich, Martin Schwalb und Jochen Fraatz. Der Torhüter, der bei Banja Luka groß wurde, wechselte als einer der ersten Spieler aus Osteuropa zum spanischen Vorzeigeklub FC Barcelona. Zlatan Arnautovic war auch bei der Weltmeisterschaft 1986 kaum zu bezwingen. Im Finale gewann Jugoslawien gegen die Überraschungsmannschaft des Turniers aus Ungarn mit 24:22 und holte den Titel.

Land: Jugoslawien
Geburtsdatum: 02.09.1956
Position: TW

Länderspiele: k.A.
WM-Teilnahmen: 1986

Stationen: Borac Banja Luka, FC Barcelona

Abaz Arslanagic

Bei den Erfolgen des jugoslawischen Handballs in den 1970er Jahren war Abaz Arslanagic der große Rückhalt der Nationalmannschaft. So gewann der Torhüter von Banja Luka 1970 die Bronzemedaille bei der Weltmeisterschaft in Frankreich durch einen Sieg im Spiel um Platz drei gegen Dänemark. Vier Jahre später sicherte Arslanagic mit großartigen Paraden wiederum Rang drei bei der Weltmeisterschaft in der DDR. Diesmal gewann Jugoslawien im Spiel um Platz drei gegen Polen. Der ganz große Erfolg gelang ihm beim ersten olympischen Hallenhandball-Turnier 1972 in München. Im Finale besiegte Abaz Arslanagic mit der jugoslawischen Auswahl das Team aus der Tschechoslowakei mit 21:16 und holte die Goldmedaille.

Land: Jugoslawien
Geburtsdatum: 04.10.1946
Position: TW
Länderspiele: k.A.
WM-Teilnahmen: 1970, 1974
Stationen: Banja Luka, TuS Nettelstedt

BAL

BAR

David Barrufet

Bei der Weltmeisterschaft 2005 in Tunesien war David Barrufet mit seinen Paraden maßgeblich am ersten Sieg einer spanischen Auswahl beteiligt. Dreimal scheiterte der Torwart mit der Nationalmannschaft bei Europameisterschaften erst im Finale (1996, 1998 und 2006). Bei den olympischen Spielen 2000 in Sydney gewann er die Bronzemedaille. Mit dem WM-Titel krönte er seine Laufbahn, die im Alter von acht Jahren bei Safa Horta begann und sieben Weltmeisterschaften andauerte. Mit 14 Jahren wechselte er zum FC Barcelona, wo er 1988 sein Debüt in der ersten Mannschaft gab. Ein Jahr später gewann er mit der spanischen Junioren-Nationalmannschaft bei der Weltmeisterschaft die Silbermedaille. Mit dem FC Barcelona gewann er siebenmal, davon fünfmal in Folge den Europapokal der Landesmeister bzw. die Champions League, zweimal den Europapokal der Pokalsieger, einmal den EHF-Cup und fünfmal den Supercup. Dazu kommen zahlreiche nationale Titel. In zwei aufeinander folgenden Spielzeiten wurde er, dank seiner überragenden Qualitäten, von der Internationalen Handball Föderation als bester Torhüter der Welt ausgezeichnet. Zudem wurde der 1,99 Meter große und rund 110 Kilogramm schwere David Barrufet 2003 in die Mannschaft des Jahres gewählt.

Land: Spanien
Geburtsdatum: 04.06.1970
Position: TW
Länderspiele: 228
WM-Teilnahmen: 1993, 1995, 1997, 1999, 2001, 2003, 2005
Stationen: Safa Horta, FC Barcelona

Marc Baumgartner

Der knapp zwei Meter große Schweizer entschied sich erst im Alter von fast 14 Jahren gegen Tennis (hier stand er sogar im nationalen Auswahlkader) und Fußball und für den Handballsport. Zwei Jahre später spielte er als 16-Jähriger bereits in der Nationalliga A. Mit 18 debütierte Marc Baumgartner, dessen Vorbild der Pole Jerzy Klempel war, 1990 in der Nationalmannschaft. In seinem ersten Länderspiel erzielte der Rechtshänder bei 13 Wurfversuchen beeindruckende 12 Treffer. Bei der B-WM 1992 wurde er zum besten Spieler des Turniers gewählt. Ein Jahr später holte er sich bei der A-WM mit 47 Treffern die Torjägerkrone und feierte mit der Schweizer Auswahl, als einer der jüngsten Spieler des Teams, einen überraschenden vierten Platz. Die Topklubs aus Europa wollten den Rückraumspieler verpflichten, doch er entschied sich für den TBV Lemgo und wurde zu einem der teuersten Spieler der Bundesliga. Mit einer Vielzahl von Toren trug er zum Gewinn der Deutschen Meisterschaft 1997 und drei DHB-Pokal-Erfolgen bei. 1998 kehrte er in die Schweiz zurück und beendete seine Karriere 2006. Mit der Nationalmannschaft konnte sich der gewitzte, aber wuchtige Baumgartner nach Platz sieben bei der WM 1995 nicht mehr für ein internationales Großereignis qualifizieren.

Land: Schweiz
Geburtsdatum: 04.03.1971
Position: RM

Länderspiele: 166
WM-Teilnahmen: 1993, 1995

Stationen: GG Bern, BSV Bern Muri, TBV Lemgo, Pfadi Winterthur

BAU

Markus Baur

Der Durchbruch in der Nationalmannschaft gelang Markus Baur erst 1999 beim World Cup in Schweden, den er mit der deutschen Auswahl gewann. Dort vertrat der 28-Jährige den etatmäßigen Mittelmann Daniel Stephan glänzend. Bei der WM im gleichen Jahr bestätigte Baur in der Vorrunde diese guten Eindrücke als Spielmacher und Torschütze – im Viertelfinale gegen Jugoslawien konnte er an die gezeigten Leistungen jedoch nicht ganz anknüpfen. Zu diesem Zeitpunkt hatte Baur, der im August 1994 sein Nationalmannschaftsdebüt gab, allerdings schon einige große Turniere bestritten. Bei den Olympischen Spielen in Atlanta (Platz 7) kam er so kurzfristig für den verletzten Vigindas Petkevicius in den Kader, dass er in dessen Trikot spielen musste. Auch bei der EM 1998 rutschte er als Letzter noch in das Aufgebot, das schließlich Rang drei belegte. Nach der WM 1999 war Baur aus der DHB-Auswahl nicht mehr wegzudenken. So war er bei allen großen Erfolgen – Silber bei der EM 2002, der WM 2003 und den Olympischen Spielen 2004 – ebenso dabei wie beim EM-Triumph 2004. Auf Vereinsebene gewann der Handballer der Jahre 2000 und 2002 mit dem TBV Lemgo 2003 seine erste deutsche Meisterschaft. 1994 und 2002 wurde Baur DHB-Pokalsieger und siegte 2006 mit dem TBV im EHF-Pokal.

Land: Deutschland
Geburtsdatum: 22.01.1971
Position: RM

Länderspiele: 187
WM-Teilnahmen: 1999, 2001, 2003

Stationen: SG Wallau-Massenheim, TV Niederwürzbach, HSG D/M Wetzlar, TBV Lemgo

Wladimir Below

Wladimir Below galt zu seiner Zeit als einer der besten Handballspieler der Welt. Auf der Position des Spielmachers im Rückraum trat er die Nachfolge des scheidenden Kapitäns Juri Klimow in der sowjetischen Nationalmannschaft an. Unter Trainer Boris Akbaschew führte der damals erst 20-jährige Spieler die Auswahl seines Landes bei der WM 1978 in Dänemark auf den zweiten Platz. Zudem wurde Below, der später ein Examen als Diplom-Sportlehrer ablegte, mit der Junioren-Nationalmannschaft 1977 und 1979 Weltmeister. Bei den Olympischen Spielen 1980 in Moskau gewann er mit seinem Team die Silbermedaille. 1982 war Below beim Gewinn der Weltmeisterschaft der herausragende Spieler seiner Mannschaft, er erzielte allein 39 Tore.

Land: Sowjetunion
Geburtsdatum: 26.04.1958
Position: RM
Länderspiele: 162
WM-Teilnahmen: 1978, 1982
Stationen: Kunzewo Moskau, MAI Moskau

Christian Berge

Mit acht Jahren wurde Christian Berge von seinem Vater, der als Trainer tätig war, zum Handball mitgenommen. Bis zu seinem 18. Lebensjahr spielte er ausschließlich auf der Linksaußenposition. Bei den Senioren wechselte er immer häufiger in die Spielmacherrolle. 1997 feierte Berge sein Debüt in der Nationalmannschaft, mit der er an drei großen Turnieren teilnahm. 1998 wurde er mit Viking Stavanger Norwegischer Meister. Ein Jahr später wechselte Berge in die Bundesliga zur SG Flensburg-Handewitt. Dort wurde er 2004 Deutscher Meister und gewann dreimal in Folge den DHB-Pokal (2003 bis 2005). Seinen größten Erfolg feierte er 2001 mit dem Gewinn des Europapokals der Pokalsieger. 2005 kehrte Christian Berge in seine norwegische Heimat zu Aarhus GF zurück.

Land: Norwegen
Geburtsdatum: 19.07.1973
Position: RM
Länderspiele: 60
WM-Teilnahmen: 1999
Stationen: Charlottenlund Spkl., Trondheim HK, Viking Stavanger, Flensburg-Handewitt, Aarhus GF

Karol Bielecki

Obwohl die polnische Nationalmannschaft bei der Europameisterschaft 2004 in Slowenien nur den 16. und damit letzten Platz belegte, wurde die Handballwelt auf Karol Bielecki aufmerksam. Der 2,02 Meter große Rückraumspieler überzeugte mit einer enormen Wurfkraft und gutem Durchsetzungsvermögen. Noch im gleichen Jahr sicherte sich der SC Magdeburg die Dienste des talentierten Spielers. Bei der Europameisterschaft 2006 in der Schweiz kam der Rechtshänder mit der polnischen Auswahl bereits auf den zehnten Platz. In seinen ersten beiden Jahren in der Bundesliga wusste der Rechtshänder ebenfalls zu überzeugen. In 66 Bundesligaspielen für den SC Magdeburg erzielte Karol Bielecki 319 Tore.

Land: Polen
Geburtsdatum: 23.01.1982
Position: RL

Länderspiele: 42
WM-Teilnahmen: –

Stationen: Wisla Sandomierz, KS Vive Kielce, SC Magdeburg

BIR

Stefan Birtalan

Stefan Birtalan ist einer der erfolgreichsten Handballer aller Zeiten. Bereits mit 21 Jahren gewann der Rechtshänder bei der Weltmeisterschaft 1970 in Frankreich seinen ersten Titel. Im Finanle besiegte er mit Rumänien die Auswahl der DDR mit 13:12 nach Verlängerung. Vier Jahre später verteidigte er in der DDR diesen Erfolg und wurde mit 43 Treffern Torschützenkönig des Turniers. Bei den Weltmeisterschaften 1978 (7. Platz) und 1982 (5. Platz) ging Birtalan zwar leer aus, dafür sammelte er bei Olympischen Spielen weitere Medaillen: 1972 und 1980 holte er mit der Auswahl seines Landes jeweils die Bronzemedaille, 1976 unterlag er erst im Finale der Sowjetunion. Mit Steaua Bukarest gewann der wurfgewaltige Rückraumspieler 1977 durch ein 21:20 gegen ZSKA Moskau den Europapokal der Landesmeister.

Land: Rumänien
Geburtsdatum: 25.09.1948
Position: RL

Länderspiele: k.A.
WM-Teilnahmen: 1970, 1974, 1978, 1982

Stationen: Indepenta Mirsu, Steaua Bukarest

Johannes Bitter

Im abschließenden Hauptrundenspiel der Weltmeisterschaft 2005 gegen Schweden gelang Johannes Bitter ein für Torhüter seltenes Kunststück: Mit einem weiten Wurf überwand er seinen Gegenüber und erzielte den Treffer zum zwischenzeitlichen 11:11. Am Ende gewann Deutschland mit 27:22, wurde aber letztlich nur Neunter. Für Bitter war es die erste Weltmeisterschaft mit der A-Nationalmannschaft, nachdem er sich mit der Junioren-Auswahl bei der WM 2003 in Brasilien, trotz überzeugender Leistungen, nicht für die Hauptrunde qualifizieren konnte. Der 2,04 Meter große Blondschopf, der 2003 unter einigen atmosphärischen Störungen vom Bundesligaaufsteiger Wilhelmshavener HV zum SC Magdeburg wechselte, hat für die Saison 2007/2008 bereits beim HSV Hamburg unterschrieben.

Land: Deutschland
Geburtsdatum: 02.09.1982
Position: TW
Länderspiele: 43
WM-Teilnahmen: 2005
Stationen: HSG Neuenburg/Bockhorn, SG VTB Altjührden/HSG Varel, Wilhelmshavener HV, SC Magdeburg

BOR

Rüdiger Borchardt

Der wurfgewaltige Linkshänder galt in den 1980er Jahren als einer der besten Spieler in der DDR, doch mangelte es ihm zu Beginn seiner Karriere oft an der nötigen Einstellung. Dies änderte sich, nachdem Rüdiger Borchardt den Sieg der DDR bei der B-WM 1984 vor dem Fernseher mitansehen musste. Seine Stärken hatte „Pokerface", wie der Rückraumspieler wegen seiner oft unbeteiligt wirkenden Art genannt wurde, vorwiegend im Angriff. So war der Akteur des SC Empor Rostock 1988 in Seoul mit 42 Treffern nach dem Koreaner Kang (49 Treffer) erfolgreichster Werfer der Olympischen Spiele, die DDR kam dennoch nur auf Rang sieben. Zwei Jahre zuvor feierte Rüdiger Borchardt mit der Bronzemedaille bei der Weltmeisterschaft in der Schweiz seinen größten Erfolg in der Nationalmannschaft.

Land: DDR
Geburtsdatum: 08.12.1963
Position: RR
Länderspiele: 154
WM-Teilnahmen: 1986, 1990
Stationen: Empor Rostock, GWD Minden, Doberaner SV

Jochen Brand

Eigentlich wollten die drei Brüder Klaus, Jochen und Heiner Brand lieber Fußball spielen. Doch Vater Erwin „Cherry" Brand, selbst aktiver Handballer, nahm sie mit zum Handball. In der Folge prägten die Brand-Brüder den VfL Gummersbach bei 26 nationalen und internationalen Erfolgen, an denen mindestens einer der Brüder beteiligt war. Jochen Brand, der mittlere der drei Geschwister, gewann alleine sechsmal die deutsche Meisterschaft und viermal den Europapokal der Landesmeister, erstmals 1967 im Finale gegen Dukla Prag. Parallel zum Handball kümmerte sich Jochen Brand um seine Zukunft als Steuerberater. Als er sich Mitte der 1970er Jahre vom aktiven Sport verabschiedete, gab er den Staffelstab weiter an seiner jüngeren Bruder Heiner Brand.

Land: Deutschland
Geburtsdatum: 13.04.1944
Position: RM
Länderspiele: 47
WM-Teilnahmen: 1970
Stationen: VfL Gummersbach

BRA

Heiner Brand

Der Mann mit dem markanten Schnauzbart prägte den deutschen Handballsport wie kaum ein anderer. Als Trainer führte er die deutsche Nationalmannschaft nach seinem Amtsantritt 1997 wieder zurück in die Weltspitze und feierte 2004 mit dem Gewinn der Europameisterschaft den größten Erfolg. Dazu kommen Silbermedaillen bei den Olympischen Spielen 2004, bei der WM 2003 und bei der EM 2002, sowie eine Bronzemedaille bei der EM 1998. Zudem wurde er dreimal zum Trainer des Jahres in Deutschland gewählt. Bereits als Spieler stand Heiner Brand beim VfL Gummersbach für Erfolg – lange Jahre auch als vorbildlicher Kapitän. In den 26 Jahren, die er für den oberbergischen Traditionsverein aktiv war, gewann der nach Expertenmeinung weltbeste Abwehrspieler sechsmal die deutsche Meisterschaft, viermal den DHB-Pokal, zweimal den Europapokal der Landesmeister, zweimal den Europapokal der Pokalsieger sowie einmal den IHF-Pokal und zweimal den Supercup. Seinen größten Erfolg feierte er jedoch mit der DHB-Auswahl, mit der er überraschend die Weltmeisterschaft 1978 in Dänemark gewann. Aufgrund des Olympia-Boykotts 1980 beendete Heiner Brand seine internationale Karriere vorzeitig. Unmittelbar nach seinem endgültigen Karriereende 1984 errang er als Co-Trainer von Simon Schobel mit der deutschen Mannschaft bei den Olympischen Spielen 1984 in Los Angeles die Silbermedaille. Als Vereinstrainer gewann er mit dem VfL Gummersbach 1988 die Meisterschaft und 1991 auch die erste gesamtdeutsche Meisterschaft im Finale gegen den SC Magdeburg. Mit der SG Wallau-Massenheim holte er den nationalen Titel 1994, ehe er 1996 als Co-Trainer von Arno Ehret erneut zur Nationalmannschaft kam.

Land: Deutschland
Geburtsdatum: 26.07.1952
Position: RM, KM

Länderspiele: 131
WM-Teilnahmen: 1978

Stationen: VfL Gummersbach

CAR

Per Carlén

Variabel einsetzbar und durchsetzungsstark war Per Carlén über viele Jahre ein unverzichtbarer Bestandteil der schwedischen Nationalmannschaft. Mit der Auswahl seines Landes gewann er 1990 überraschend den Weltmeistertitel durch einen 27:23-Finalsieg über das favorisierte Team aus der UdSSR. Mit 32 Treffern war er hinter Magnus Wislander zweitbester Schütze seiner Mannschaft und für viele Experten der beste Kreisläufer des Turniers. Bei den Weltmeisterschaften 1993 im eigenen Land und 1995 in Island belegte Carlén, der am Kreis sowie im Rückraum spielen konnte und auch in der Abwehr sicher stand, jeweils den dritten Platz und holte 1994 in Portugal den EM-Titel. Dreimal nahm er an Olympischen Spielen teil und gewann 1992 in Barcelona die Silbermedaille.

Land: Schweden
Geburtsdatum: 19.11.1960
Position: KM

Länderspiele: 329
WM-Teilnahmen: 1986, 1990, 1993, 1995

Stationen: Heim Göteborg, Warta Göteborg, Granollers, Atletico Madrid, Ystads IF

Lars Christiansen

Mit 2111 Treffern, die er in 324 Spielen erzielte, steht Lars Christiansen in der ewigen Torschützenliste der Bundesliga auf dem vierten Platz. Zweimal (2003, 2005) wurde der trickreiche Linksaußen Torschützenkönig der Bundesliga. Den Grundstein für seine erfolgreiche Karriere legte er bei Vidar Sonderborg, wo er von seinem Onkel Viggo Paulsen trainiert wurde. Als er mit 17 Jahren nach Ribe wechselte, fuhr ihn sein Vater zwei Jahre lang jeweils 120 Kilometer zu jedem Spiel und Training. 1992 ging Christiansen zu Kolding IF und gewann zweimal die dänische Meisterschaft und einmal den Pokal. Mit der Junioren-Auswahl seines Landes sicherte er sich bei der WM 1993 die Silbermedaille. Bei fünf WM-Teilnahmen mit der A-Nationalmannschaft war Platz neun die bisher beste Platzierung. Besser klappte es bei Europameisterschaften. 2002, 2004 und 2006 erreichte er mit Dänemark jeweils den dritten Platz. 1996 wechselte Christiansen in die Bundesliga zur SG Flensburg-Handewitt und wurde 2004 Deutscher Meister. Dreimal gewann er den DHB-Pokal (2003, 2004, 2005), einmal den Europapokal der Pokalsieger (2001), dazu den EHF-Cup (1997), den City-Cup (1999) und den Supercup (2000). 2003 wurde der Siebenmeterspezialist in seinem Heimatland zum Handballer des Jahres gewählt.

Land: Dänemark
Geburtsdatum: 18.04.1972
Position: LA

Länderspiele: 227
WM-Teilnahmen: 1993, 1995, 1999, 2003, 2005

Stationen: Vidar Sonderborg, Ribe HK, Kolding IF, SG Flensburg-Handewitt

COE

Eduardo Coelho

Mit seinen fast 1000 Treffern in mehr als 250 Spielen für sein Land ist Eduardo Coelho Portugals Rekordinternationaler. Der wurfstarke Rückraumspieler, der sein Geld seit 2004 in Spanien verdient, war bei allen drei WM-Teilnahmen seines Landes dabei. 1997 in Japan wurde er mit der portugiesischen Auswahl 19., 2001 in Frankreich belegte er den 16. Platz und 2003 verbesserte er sich mit der Nationalmannschaft bei den Titelkämpfen im eigenen Land auf den zwölften Rang. Bei vier Teilnahmen an Europameisterschaften war der siebte Rang 2000 in Kroatien die bisher beste Platzierung. Lediglich bei Olympischen Spielen waren Coelho und sein Land noch nicht vertreten.

Land: Portugal
Geburtsdatum: 15.05.1974
Position: RL

Länderspiele: 254
WM-Teilnahmen: 1997, 2001, 2003

Stationen: FC Porto, TEKA Cantabria Santander, ABC Braga, Algeciras BM

Didier Dinart

Didier Dinart hat sich vor allem als knallharter Verteidiger einen Namen gemacht. Der auf der karibischen Insel Guadeloupe geborene Abwehrspezialist ist seit seinem Debüt im Dezember 1997 gegen Kroatien nicht mehr aus der französischen Nationalmannschaft wegzudenken. Nicht zuletzt dank seiner Deckungskünste gewann Frankreich 2001 die Weltmeisterschaft im eigenen Land und 2006 den EM-Titel in der Schweiz. Dazu kamen zwei Bronzemedaillen bei den Weltmeisterschaften 2003 und 2005. Das 1,97 Meter große und 104 Kilogramm schwere Kraftpaket, das erst mit 14 Jahren mit Handball begann, sicherte sich mit Ciudad Real 2006 im rein spanischen Finale gegen Portland San Antonio den Champions-League-Titel und wurde Spanischer Meister (2004) sowie Spanischer Supercupsieger (2004).

Land: Frankreich
Geburtsdatum: 18.01.1977
Position: KM

Länderspiele: 242
WM-Teilnahmen: 1999, 2001, 2003, 2005

Stationen: Guadeloupe U.C., Dijon Bourgogne HB, Montpellier HB, Ciudad Real

Joachim Deckarm

Bis zu jenem denkwürdigen 30. März 1979 verlief die Karriere von Joachim „Jo“ Deckarm stetig bergauf. Der linke Rückraumspieler des VfL Gummersbach galt als weltbester Handballer, als ein tragischer Unfall in der 23. Minute des Europapokal-Halbfinalspiels bei Banyasz Tatabanya jäh seine Karriere beendete und den damals 25-jährigen Deckarm beinahe auch das Leben gekostet hätte. 131 Tage lang lag der Mathematikstudent nach dem Zusammenprall mit Lajos Panovic, der nach diesem Unglück seine Karriere beendete und jahrelang unter Depressionen litt, mit Schädelbasisbruch, schweren Gehirnquetschungen und gerissener Hirnhaut im Koma. Der einstige Modellathlet, der als saarländischer Junioren-Zehnkampfmeister auch vor einer großen Leichtathletik-Karriere stand, war ein Pflegefall geworden. Doch Deckarm kämpfte sich mit Hilfe seines ehemaligen Jugend-Trainers Werner Hüter ins Leben zurück und akzeptierte sein Schicksal als Teil seines Lebens. Heute genießt der 104-fache Nationalspieler seine öffentlichen Auftritte bei Spielen seines VfL Gummersbach oder der Weltmeistermannschaft von 1978. Der WM-Titel im Endspiel in Kopenhagen gegen die UdSSR, zu dem er sechs Treffer beisteuerte, war Deckarms größter sportlicher Erfolg. Sein damaliger Trainer Vlado Stenzel schwärmte von ihm als dem „komplettesten Spieler aller Zeiten“, seine Mitspieler schätzten ihn nicht nur aufgrund seiner Fähigkeit, verloren geglaubte Spiele aus dem Feuer zu reißen, sondern auch wegen seiner menschlichen Qualitäten. Auf Vereinsebene wurde „Jo“ mit dem VfL Gummersbach 1974 Europapokalsieger der Landesmeister, 1978 Europapokalsieger der Pokalsieger, dreimal in Serie Deutscher Meister und zweimal Deutscher Pokalsieger.

Land: Deutschland
Geburtsdatum: 19.01.1954
Position: RL

Länderspiele: 104
WM-Teilnahmen: 1974, 1978

Stationen: TB St. Johann Saarbrücken, 1. FC Saarbrücken, VfL Gummersbach

DEC

DOM

Davor Dominikovic

Davor Dominikovic ist Mitglied der äußerst erfolgreichen kroatischen Nationalmannschaft der vergangenen Jahre. 2003 Weltmeister, 2004 Olympiasieger, 2005 Vizeweltmeister – die Bilanz des Rückraumspielers liest sich beeindruckend. Gelernt hat Dominikovic den Sport in Metkovic. Mit Badel Zagreb stand er zweimal im Champions-League-Finale und verlor jeweils gegen den FC Barcelona. Nach insgesamt vier kroatischen Meistertiteln sowie dem Gewinn des EHF-Pokals, wechselte er in die Bundesliga. Nach den Stationen THW Kiel und SG Kronau/Östringen spielte der Rechtshänder dann für den FC Barcelona. Mit den Katalanen erreichte Davor Dominikovic 2005 sein drittes Champions-League-Finale gegen Ciudad Real und gewann den Titel.

Land: Kroatien
Geburtsdatum: 07.04.1978
Position: RL

Länderspiele: 120
WM-Teilnahmen: 1997, 1999, 2001, 2003, 2005

Stationen: Badel Zagreb, THW Kiel, FC Barcelona, Portland San Antonio

Andreas Dörhöfer

In der ewigen Torschützenliste der Bundesliga steht Andreas Dörhöfer mit 2003 Treffern (davon 593 Siebenmeter) in 424 Spielen auf Rang fünf. Zudem wurde der kantige Rückraumspieler 1990 mit 178 Treffern sowie 1993 mit 212 Treffern Torschützenkönig der Bundesliga. Dennoch waren seine Leistungen oft schwankend, der ganz große Durchbruch ist ihm nie gelungen. In der Nationalmannschaft hatte er auf seiner Position im rechten Rückraum in den 1980er Jahren in Martin Schwalb große Konkurrenz. So war er lediglich bei einer A-Weltmeisterschaft im Einsatz: 1986 bei den Titelkämpfen in der Schweiz wurde er in allen sieben Spielen eingesetzt und erzielte dabei zwölf Treffer. Sein bestes Spiel für die Nationalmannschaft machte Dörhöfer im Finale des Supercups 1987 gegen die Sowjetunion, als er das deutsche Team zum Sieg führte. Nach dem enttäuschenden Abschneiden bei der B-Weltmeisterschaft 1989 – Deutschland stieg in die C-Gruppe ab – kam Dörhöfer in der deutschen Nationalmannschaft nicht mehr zum Einsatz. In der Bundesliga wurde er mit dem VfL Gummersbach – nach sechs Platzierungen unter den besten vier – 1991 Deutscher Meister. Bereits 1986 hatte er mit dem MTSV Schwabing den DHB-Pokal gewonnen.

Land: Deutschland
Geburtsdatum: 02.08.1963
Position: RR

Länderspiele: 89
WM-Teilnahmen: 1986

Stationen: TG Rüsselsheim, MTSV Schwabing, VfL Gummersbach, TV Großwallstadt

DUS

Talant Duschebajew

Talant Duschebajew nahm an fünf Weltmeisterschaften und drei Olympischen Spielen teil. Zweimal wurde er zum Welthandballer des Jahres gewählt (1994 und 1996), bei der Wahl zum Welthandballer des Jahrhunderts lag er hinter dem Schweden Magnus Wislander auf Rang zwei. Als bisher einziger Handballer gewann Duschebajew mit vier verschiedenen Nationalmannschaften Medaillen bei Olympischen Spielen und internationalen Meisterschaften. Der gebürtige Kirgise spielte für die UdSSR, die GUS, Russland und Spanien. Der flinke Spielgestalter galt als der perfekte Handballer. Er setzte seine Mitspieler immer wieder elegant in Szene und war dank seines großen Variantenreichtums bei seinen Würfen schwer auszurechnen. Mit 22 Jahren scheiterte er mit der UdSSR im Finale der WM 1990 an Schweden, bei den Olympischen Spielen 1992 holte er mit der GUS die Goldmedaille. Mit der russischen Nationalmannschaft gewann er 1993 in Schweden den Weltmeistertitel. 1995 nahm Duschebajew aus finanziellen Gründen und aus Furcht vor der russischen Mafia die spanische Staatsbürgerschaft an. Mit der spanischen Nationalmannschaft belegte er bei der WM 1995 lediglich Rang elf, bei der EM 1996 wurde er Zweiter hinter Russland. Beim 22:23 im Finale reichten auch sieben Treffer von Duschebajew nicht zum Titel. Bei den Olympischen Spielen in Atlanta errang er die Bronzemedaille. Mit ZSKA Moskau gewann er 1988 den Europapokal der Landesmeister, mit Teka Santander 1993 und 1994 den IHF-Pokal. Ab 1996 spielte Duschebajew in Deutschland für den TuS Nettelstedt, wechselte 1998 zu GWD Minden und kehrte später nach Spanien zu Ciudad Real zurück, wo er nach seiner aktiven Laufbahn seine Trainerkarriere begann.

Land: Russland, Spanien
Geburtsdatum: 25.05.1968
Position: RM

Länderspiele: ca. 250
WM-Teilnahmen: 1990, 1993, 1995, 1997, 1999

Stationen: ZSKA Moskau, TEKA Santander, TuS Nettelstedt, Minden, Ciudad Real

DRA

Mark Dragunski

Eine imposante Erscheinung ist Mark Dragunski nicht nur aufgrund seiner Körpergröße von 2,14 Meter (bei 126 Kilogramm und Schuhgröße 52). Auch seine Leistungen auf dem Feld wirkten nachhaltig. Dragunski, in seiner Jugend als Schwimmer und Wasserballer aktiv, kam über seinen Vater, der beim HSC Recklinghausen spielte, zum Handball. Beim SG Suderwitz in der Bezirksliga schaffte er den Durchbruch. Dragunski wurde als Rückraumspieler Torschützenkönig und kam über Eintracht Hagen zu TuSEM Essen. Der damalige Trainer Jürgen Hahn funktionierte Dragunski zum Kreisläufer um. Im August 1994 feierte der Mann mit den Riesenhänden seine Premiere in der Nationalmannschaft, der er zehn Jahre lang angehörte. Eines seiner besten Spiele machte der Kreisläufer im Finale der Europameisterschaft 2002 gegen Schweden, das die deutsche Mannschaft erst nach hartem Kampf in der Verlängerung verlor. Mit sechs Treffern war Dragunski bester deutscher Torschütze. Auch am Gewinn der Silbermedaille bei der WM 2003 und dem EM-Titelgewinn 2004 war Dragunski maßgeblich beteiligt. Bei den Olympischen Spielen 2004 in Sydney kam er in sechs von acht Begegnungen zum Einsatz und krönte seine Karriere zum Abschluss mit der Silbermedaille.

Land: Deutschland
Geburtsdatum: 22.12.1970
Position: KM

Länderspiele: 117
WM-Teilnahmen: 2001, 2003

Stationen: TuS Nettelstedt, TuSEM Essen, SG Flensburg-Handewitt, VfL Gummersbach

Mirza Dzomba

Wenn Mirza Dzomba auf Rechtsaußen den Ball in aussichtsreicher Position erhält, bedeutet das fast zwangsläufig auch ein Tor für seine Mannschaft. Der schnelle Gegenstoßspezialist springt unheimlich hoch und weit und ist zudem extrem sicher im Abschluss. Sein Markenzeichen ist eine Pirouette mit Torabschluss. 1999 wäre ihm beinahe ein schneller Gegenstoß zum Verhängnis geworden. Im Champions-League-Finale gegen den FC Barcelona kollidierte er nach erfolgreichem Torabschluss mit Torhüter David Barrufet und prallte mit dem Kopf an den Pfosten. Dzomba drohte das Karriereende. Doch nach anderthalb Jahren kehrte der 1,91 Meter große Außenspieler mit der extremen Spannweite zurück. Nicht zuletzt seine Tore verhalfen der kroatischen Nationalmannschaft zu den jüngsten Erfolgen: Weltmeister 2003 im Finale gegen Deutschland, Olympiasieger 2004 wiederum im Finale gegen Deutschland. Bei der Europameisterschaft 2004 in Slowenien wurde er mit 46 Treffern Torschützenkönig des Turniers und belegte den vierten Platz. Ein Jahr später holte er Silber bei der Weltmeisterschaft in Tunesien. Mirza Dzomba, der jeweils unter den besten Schützen zu finden war, wurde bei allen drei Turnieren ins All-Star-Team gewählt.

Land: Kroatien
Geburtsdatum: 28.02.1977
Position: RA

Länderspiele: 147
WM-Teilnahmen: 1999, 2001, 2003, 2005

Stationen: Zamet, Badel Zagreb, Veszprem, Ciudad Real

Steinar Ege

Seine größten Erfolge feierte Steinar Ege mit dem THW Kiel. Mit den Norddeutschen wurde der meist gut gelaunte Norweger 2000 und 2002 Deutscher Meister, im Jahr 2000 Pokalsieger und gewann 2002 den EHF-Pokal. Zudem stand er mit dem Verein 2000 im Finale der Champions League, unterlag dort aber dem FC Barcelona. Gleich zweimal spielte der charismatische Torhüter während seiner Laufbahn beim VfL Gummersbach, mit dem er zwar keine Titel gewann, dafür aber die Sympathien der Zuschauer. Bei drei WM-Teilnahmen war Rang sieben 2005 in Tunesien die beste Platzierung, die er mit der Auswahl seines Landes erreichte. Dank seiner hervorragenden Leistungen wurde Steinar Ege 2006 zum besten Torhüter Norwegens gewählt.

Land: Norwegen
Geburtsdatum: 10.04.1972
Position: TW

Länderspiele: 180
WM-Teilnahmen: 1997, 2001, 2005

Stationen: Stavanger IF, Viking HK, VfL Gummersbach, THW Kiel, CBM Galdar

Arno Ehret

Der größte Erfolg von Arno Ehret war der Gewinn des Weltmeistertitels 1978. Drei Treffer steuerte er beim 20:19 im Finale gegen die Sowjetunion bei. Tore waren das Markenzeichen des Linksaußen: In 121 Länderspielen traf Ehret 308 Mal ins gegnerische Tor. In der Bundesliga hielt er mit 1275 Treffern in 194 Spielen jahrelang den Torrekord und wurde zweimal Torschützenkönig. Ehret, der erst nach einem Bänderriss vom Fußball zum Handball wechselte, spielte von 1974 bis 1985 für den TuS Hofweier, in den letzten drei Jahren seiner aktiven Zeit übernahm der zweifache Handballer des Jahres das Amt des Spielertrainers. Nach dem Ende seiner Spielerkarriere 1986 feierte er auch als Trainer Erfolge: Sowohl mit der Schweiz (1993) als auch mit der deutschen Auswahl (1995) wurde er Vierter bei Weltmeisterschaften.

Land: Deutschland
Geburtsdatum: 11.12.1953
Position: LA

Länderspiele: 121
WM-Teilnahmen: 1978

Stationen: TV Seelbach, TV Sulz, TuS Hofweier, TuS Schutterwald

Jozsef Eles (links)

Trotz seiner vielen Tore konnte Jozsef Eles mit der ungarischen Nationalmannschaft keine Medaille bei großen internationalen Turnieren gewinnen. Bei der Weltmeisterschaft 1993 in Schweden wurde Eles mit 41 Treffern (davon 19 Siebenmeter) zwar Torschützenkönig, Ungarn kam jedoch nur auf den elften Platz. Nachdem er mit der Auswahl seines Landes bei der WM 1995 in Island lediglich den 17. Platz belegte, verpasste er zwei Jahre später in Japan WM-Bronze nur knapp. Mit 59 Treffern war der Rechtshänder hinter dem Koreaner Kyung-Shin Yoon (86 Tore) zweitbester Torschütze des Turniers. Im Jahr 2000 wurde der 1,88 Meter große Rückraumspieler von einer aus zehn Nationaltrainern bestehenden Jury in eine Jahrhundertsieben gewählt.

Land: Ungarn
Geburtsdatum: 16.02.1969
Position: RL, RM

Länderspiele: 179
WM-Teilnahmen: 1993, 1995, 1997, 1999

Stationen: Fotex Veszprem, ZMC Amicitia Zürich

Jovica Elezovic

In Deutschland wurde Jovica Elezovic nicht erst nach seinem Wechsel 1984 in die Bundesliga bekannt. Der Rückraumspieler gewann mit der jugoslawischen Nationalmannschaft 1984 olympisches Gold in Los Angeles, durch einen 18:17-Sieg im Finale gegen die Bundesrepublik. Zwei Jahre zuvor hatte Elezovic mit 30 Treffern in sieben Spielen großen Anteil am Gewinn der Silbermedaille bei der WM in Deutschland. 1986 wurde er mit der Auswahl seines Landes Weltmeister in der Schweiz. Elezovic verfügte über eine glänzende Übersicht, verstand es gekonnt seine Mitspieler in Szene zu setzen und war zudem selbst torgefährlich. In der Bundesliga ging der Rechtshänder für die Reinickendorfer Füchse und dem TuS Hofweier erfolgreich auf Torejagd.

Land: Jugoslawien
Geburtsdatum: 02.03.1956
Position: RL

Länderspiele: 127
WM-Teilnahmen: 1982, 1986

Stationen: Borac Banja Luka, Reinickendorfer Füchse, TuS Hofweier

EMR

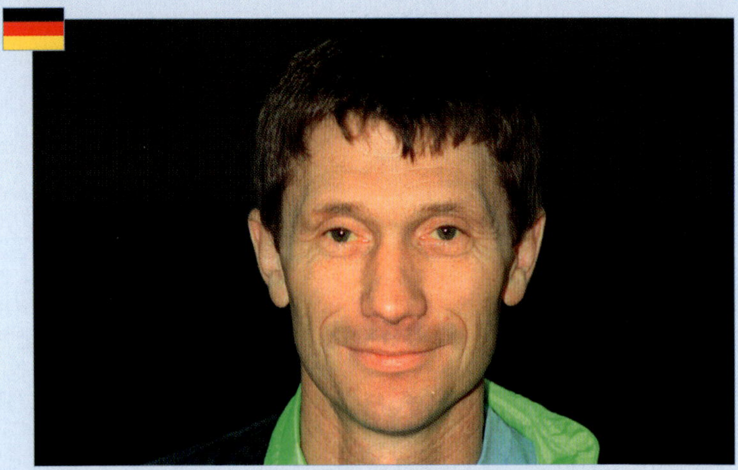

Armin Emrich

Der größte Erfolg von Armin Emrich in der Nationalmannschaft, für die er in 27 Spielen 22 Treffer erzielte, war der neunte Platz bei seiner einzigen WM-Teilnahme 1974 in der DDR. Der Kreisläufer, der erst spät mit dem Handballspielen begann, startete seine Bundesliga-Karriere 1972 beim Traditionsverein FA Göppingen. Nach vier Jahren in Göppingen wechselte er zum Bundesliga-Neuling TSG Oßweil, konnte den direkten Abstieg jedoch nicht verhindern. Er wechselte nach Hofweier, wo Simon Schobel als Spielertrainer fungierte, und wurde Mannschaftskamerad von Arno Ehret. Nach fünf Jahren beendete Emrich 1982 seine Karriere und wechselte ins Traineramt. In den 1990er Jahren betreute er als Nationaltrainer und als Co-Trainer von Arno Ehret die DHB-Auswahl.

Land: Deutschland
Geburtsdatum: 16.06.1951
Position: KM

Länderspiele: 27
WM-Teilnahmen: 1974

Stationen: TuS Neunkirchen, FA Göppingen, TSG Oßweil, TuS Hofweier

Alberto Entrerrios

Alberto Entrerrios gehört zum festen Kern der erfolgreichen spanischen Nationalmannschaft der letzten Jahre. So stand der Rechtshänder, der sowohl auf der Außenposition wie auch auf Halblinks im Rückraum spielen kann, bereits 1999 im WM-Kader und kam mit der spanischen Auswahl in Ägypten auf Rang vier. Nach Platz fünf (2001) und erneut Rang vier (2003) folgte 2005 in Tunesien der Titelgewinn. Im Finale gegen Kroatien war Entrerrios mit 6 Treffern zweitbester Werfer seiner Mannschaft. Bei der Europameisterschaft 2006 in der Schweiz scheiterte er mit Spanien erst im Finale an Frankreich. Mit seinen Vereinen gewann Spaniens Handballer des Jahres 2002 den Europapokal der Pokalsieger (1999) und wurde dreimal Spanischer Meister.

Land: Spanien
Geburtsdatum: 07.11.1976
Position: RL, LA

Länderspiele: 127
WM-Teilnahmen: 1999, 2001, 2003, 2005

Stationen: C. Naranco, Ademar León, FC Barcelona, BM Ciudad Real

ERL

Rune Erland

Als erster männlicher Spieler hat Rune Erland 1990 in Norwegen die Wahl zum Handballer des Jahres gewonnen – die Handballerinnen sind dort wesentlich populärer. In diesem Jahr hatte der robuste Rückraumspieler sein Land zum Gewinn der C-Weltmeisterschaft in Finnland geführt, unter anderem durch einen Sieg gegen Deutschland. Erland war mit 43 Treffern erfolgreichster Torschütze des Turniers. Zu diesem Zeitpunkt spielte der Rechtshänder, der mit elf Jahren mit dem Handballsport begann, beim VfL Gummersbach, seinem Wunschverein. Erland, der als 16-Jähriger gleichzeitig drei Auswahlmannschaften angehörte (Jugend- und Juniorenteam sowie A-Nationalmannschaft), erzielte in seiner ersten Saison beim VfL über 100 Tore und gewann auf Anhieb 1991 die deutsche Meisterschaft. Schon in Norwegen hatte sich der Handballathlet 1989 mit Viking Stavanger den nationalen Pokal gesichert. Auf dem Spielfeld kämpferisch und immer engagiert, war „Wiki" abseits des Platzes verschlossen und ruhig. Obwohl der 1,94 Meter große Erland auf der Königsposition im linken Rückraum einer der besten Spieler seiner Zeit war, nahm er lediglich an einer A-Weltmeisterschaft teil. 1993 belegte er mit der norwegischen Auswahl in Schweden den 13. Rang.

Land: Norwegen
Geburtsdatum: 25.08.1968
Position: RL
Länderspiele: 129
WM-Teilnahmen: 1993
Stationen: Viking Stavanger, VfL Gummersbach, TV Großwallstadt, ThSV Eisenach

Jan Fegter

Gleich in seiner ersten Bundesligasaison 1991/92 beim VfL Hameln gelang Jan Fegter der Durchbruch. Mit 133 Toren war er hinter Stephan Hauck zweitbester Schütze seines Teams. Im November 1994 schaffte der Rechtshänder, der zuvor nie in einer Junioren-Nationalmannschaft spielte, den Sprung in die A-Nationalmannschaft. 1995 war Fegter, der sowohl im linken Rückraum als auch auf Linksaußen spielen konnte, der Aufsteiger im Nationalteam. Im gleichen Jahr erreichte er mit der DHB-Auswahl den vierten Platz bei der Weltmeisterschaft in Island. Doch nach nur zwei Jahren trat Jan Fegter aus der Nationalmannschaft zurück und beendete seine internationale Karriere, um sich in der Folgezeit stärker auf sein Jura-Studium konzentrieren zu können.

Land: Deutschland
Geburtsdatum: 19.09.1969
Position: RL
Länderspiele: 61
WM-Teilnahmen: 1995
Stationen: Bayer Leverkusen, SG VfL/BHW Hameln, SG Flensburg-Handewitt, Wilhelmshavener HV

Jerome Fernandez

Beim erfolgreichsten Handballverein der Welt, dem FC Barcelona, gehört Jerome Fernandez seit Jahren zu den Leistungsträgern. Mit den Katalanen gewann der 1,99 Meter große Rückraumspieler 2005 die Champions League, wurde 2003 EHF-Pokalsieger und 2004 europäischer Supercupsieger. Zudem gewann er in Spanien den nationalen Supercup, den Pokal, die Meisterschaft und den Königspokal. Zuvor war „Fernand" in Frankreich ebenfalls nationaler Meister und Pokalsieger geworden. Auch in der Nationalmannschaft trug der Rechtshänder mit seinen Toren zu den großen Erfolgen bei: Weltmeister 2001 im eigenen Land, Europameister 2006 in der Schweiz, Bronze bei den Weltmeisterschaften 2003 und 2005. Als Junior hatte Jerome Fernandez 1997 bei der WM ebenfalls Bronze geholt.

Land: Frankreich
Geburtsdatum: 07.03.1977
Position: RL

Länderspiele: 216
WM-Teilnahmen: 1999, 2001, 2003, 2005

Stationen: G. Bordeaux, Spacer's Toulouse, Montpellier HB, FC Barcelona

Jan Filip

Kaum einer ist so schnell wie Jan Filip – nicht nur auf den Beinen, sondern auch im Kopf. In seiner Jugend begann er seinem Vater zuliebe mit Tennis, obwohl er lieber Fußballer werden wollte. Mit zwölf Jahren kam er dann zum Handball, da die Schule mit der Halle direkt gegenüber von seinem Wohnhaus lag. Er durchlief die Junioren-Nationalteams seines Landes und absolvierte 1992 seine ersten Länderspiele in der A-Nationalmannschaft. Der Rechtsaußen nahm an jeweils drei Welt- und Europameisterschaften teil. Der achte Platz bei der EM 2002 in Schweden war die bisher beste Platzierung, die er mit der Auswahl seines Landes erreichen konnte. Bei der EM 1998 in Italien wurde der 1,88 Meter große und 88 Kilogramm schwere Filip mit 48 Treffern Torschützenkönig des Turniers. Das gelang ihm bereits viermal in der tschechischen Liga, einmal in Italien sowie in der Zweiten Liga in Deutschland bei der HSG Düsseldorf. Mit Dukla Prag gewann Filip je dreimal Meisterschaft und Pokal. In der Bundesliga spielt er seit 2000 für die HSG Nordhorn, mit der er 2001, 2002 und 2005 die Final-Four-Endrunde um den DHB-Pokal erreichte und 2002 Vizemeister wurde. Insgesamt erzielte der Rechtsaußen bis zum Sommer 2006 in 198 Bundesligaspielen 1297 Treffer.

Land: Tschechien
Geburtsdatum: 14.06.1973
Position: RA

Länderspiele: 130
WM-Teilnahmen: 1997, 2001, 2005

Stationen: Dukla Prag, HSG Düsseldorf, Telenorba Conversano, HSG Nordhorn

FIS

Julio Fis (links)

Auch in der Bundesliga gab Julio Fis Roussedy ein kurzes Gastspiel. In der Saison 2001/2002 ging der torgefährliche Rückraumschütze mit der unglaublichen Sprungkraft für den THW Kiel auf Torjagd und gewann die deutsche Meisterschaft sowie den EHF-Pokal. Fis, der nur ausgeliehen war, kehrte nach Spanien zurück und wurde 2005 Torschützenkönig in der spanischen Liga. 2006 gewann er im Trikot von Ciudad Real die Champions League und die Vereins-Europameisterschaft sowie den spanischen Ligapokal. Für sein Heimatland Kuba nahm Fis an den Weltmeisterschaften 1997 (14. Platz) und 1999 (8. Platz) teil. Nach seiner Einbürgerung im März 2005, gewann er 2006 mit Spanien bei der Europameisterschaft in der Schweiz Silber.

Land: Kuba, Spanien
Geburtsdatum: 28.10.1974
Position: RL

Länderspiele: 47
WM-Teilnahmen: 1997, 1999

Stationen: Bidasoa Irun, CB Ciudad Real, THW Kiel, BM Valladolid

Christian Fitzek

Der technisch versierte Kreisläufer feierte in Gummersbach seine größten Erfolge. Gleich in seinem ersten Jahr wurde er mit dem VfL Deutscher Meister, DHB-Pokalsieger und gewann den Europapokal der Landesmeister. In der Nationalmannschaft gehörte Fitzek unter Bundestrainer Petre Ivanescu zu den Stützen der Mannschaft, war zeitweise Kapitän und absolvierte allein 1988 alle Länderspiele. Sein größter Erfolg im DHB-Team, in dem der Rechtshänder bis zu seinem Rücktritt 1990 spielte, war Platz sieben bei der Weltmeisterschaft 1986 in der Schweiz. 1994 beendete Fitzek seine Karriere und wechselte an die Seitenlinie. Als Trainer führte er Frisch-Auf Göppingen 2001 in die Bundesliga und gewann mit dem HSV Hamburg 2004 den Supercup.

Land: Deutschland
Geburtsdatum: 08.02.1961
Position: KM
Länderspiele: 109
WM-Teilnahmen: 1986
Stationen: Bayer Leverkusen, VfL Gummersbach, SG Wallau-Massenheim, TSV Bayer Dormagen

Jochen Fraatz

Jochen Fraatz schrieb Handballgeschichte: Zwischen 1984 und 1996 war der „begabteste Handballer der 1980er Jahre“ (Petre Ivanescu) elfmal unter den besten zehn Torschützen der Liga und holte sich 1991 (207 Treffer) und 1992 (212 Treffer) jeweils die Torjägerkrone. 1988 und 1991 wurde der Linksaußen zu Deutschlands Handballer des Jahres gewählt. Am 7. Februar 1990 löste „Scholle“, wie Fraatz aufgrund seiner norddeutschen Herkunft genannt wurde, Herbert Lübking (650 Treffer) als Rekordtorschütze des Nationalteams ab. Ein Jahr später übernahm Fraatz auch in der ewigen Torschützenliste der Bundesliga die Führung. Insgesamt erzielte er in 436 Bundesliga-Spielen 2673 Tore, fast 400 Treffer mehr als der zweitplatzierte in der Liste, der Südkoreaner Kyung-Shin Yoon. Große Erfolge mit der Nationalmannschaft konnte Fraatz, der den Dreher als Stilmittel für Außenspieler populär machte und in Perfektion beherrschte, jedoch nicht verzeichnen. Einzig der Gewinn der Silbermedaille bei den Olympischen Spielen 1984 in Los Angeles steht zu Buche – im Finale war Fraatz, der Spiele alleine gewinnen aber auch verlieren konnte, mit acht Treffern beim 17:18 gegen Jugoslawien bester Werfer des deutschen Teams. Erfolgreicher war der Linksaußen auf Vereinsebene. Von 1982 bis 1996 spielte er für TuSEM Essen und gewann je dreimal die Deutsche Meisterschaft und den DHB-Pokal. 1989 führte Jochen Fraatz seine Mannschaft zum Gewinn des Europapokals der Pokalsieger und 1994 zum Gewinn des Euro-City-Cups. Zum Ende seiner Karriere stieg er mit der HSG Nordhorn und dem SV Post Schwerin jeweils in die Bundesliga auf, und gewann mit dem TBV Lemgo noch einmal den DHB-Pokal.

Land: Deutschland
Geburtsdatum: 14.05.1963
Position: LA
Länderspiele: 185
WM-Teilnahmen: 1986
Stationen: SV Cuxhaven, TuSEM Essen, HSG Nordhorn, TBV Lemgo, SV Post Schwerin

FRA

Manfred Freisler

Fast ein Jahrzehnt gehörte Manfred Freisler zu den besten Handballspielern in Deutschland. Der 1,97 Meter große Rückraumspieler stand im Kader der deutschen Nationalmannschaft, die 1978 in Dänemark den WM-Titel gewann. Aufgrund des Olympia-Boykotts verpasste er die Spiele 1980 in Moskau. Bei der Weltmeisterschaft 1982 im eigenen Land gehörte Freisler, der im November 1976 in der A-Nationalmannschaft sein Debüt gab, als Kapitän zur deutschen Auswahl, die mit Rang sieben enttäuschte. Nach der ebenfalls unbefriedigenden B-WM 1983 zog sich Freisler, dem man nachsagte, dass sein mangelndes Selbstbewusstsein seine Leistung einschränke, aus dem Nationalteam zurück, wurde aber für die WM 1986 noch einmal reaktiviert. Nach 122 Länderspielen, in denen er 271 Tore erzielte, beendete er danach seine Nationalmannschaftskarriere endgültig. Mit dem TV Großwallstadt gewann Freisler von 1978 bis 1981 vier deutsche Meisterschaften in Folge und holte sich 1984 erneut den Titel. Zudem siegte er mit dem TVG 1979 und 1980 im Europapokal der Landesmeister und 1984 im IHF-Pokal. 1980, 1984 und 1987 gewann er den DHB-Pokal. Mit 38 Jahren feierte Freisler 1995 noch einmal für kurze Zeit ein Comeback in Großwallstadt.

Land: Deutschland
Geburtsdatum: 28.10.1957
Position: RL

Länderspiele: 122
WM-Teilnahmen: 1978, 1982, 1986

Stationen: E. Wiesbaden, TV Großwallstadt, SG Wallau-Massenheim

Mike Fuhrig

Mike Fuhrig fiel in seiner Karriere weniger durch brillantes Spiel als vielmehr durch Ruhe und Konstanz auf, seine Stärken lagen vor allem in der Defensive. Als Jugendlicher wurde er mit der B-Jugend von Wismut Aue DDR-Meister. Nach seinem Wechsel zum SC Leipzig reifte Fuhrig zum Klassespieler und schaffte den Sprung in die Nationalmannschaft. 1988 gehörte er zum Aufgebot bei den Olympischen Spielen in Seoul (7. Platz) und belegte mit der DDR-Auswahl zwei Jahre später bei der Weltmeisterschaft in der Tschechoslowakei den achten Platz. Danach wechselte er zur SG Wallau-Massenheim und feierte 1992 den Gewinn der deutschen Meisterschaft und des IHF-Pokals. Ein Jahr später gelang das Double aus Meisterschaft und Pokal und zudem der Einzug ins Finale des Europapokals der Landesmeister. Im Mai 2003 beendete Fuhrig seine Karriere.

Land: DDR, Deutschland
Geburtsdatum: 17.04.1965
Position: KM, RR, RM

Länderspiele: 165
WM-Teilnahmen: 1990, 1993, 1995

Stationen: Wismut Aue, SC Leipzig, SG Wallau-Massenheim

FRI

Henning Fritz

Die Ausnahmestellung von Henning Fritz auf der Torhüter-Position macht die Wahl zum Welthandballer des Jahres 2004 deutlich. Als erstem und bisher einzigem Torhüter wurde ihm diese Ehre zuteil. Verdient hatte sich Fritz diese Auszeichnung durch hervorragende Leistungen bei der Europameisterschaft und den Olympischen Spielen. Bei der EM in Slowenien legte er mit konstant guten Leistungen den Grundstein zum Titelgewinn. Fritz wurde ins All-Star-Team und zum besten Torhüter des Turniers gewählt, ebenso wie bei den Olympischen Spielen in Athen wenige Monate später. Herausragend seine Leistung im Viertelfinalspiel gegen Spanien. Fritz parierte mehr als die Hälfte aller spanischen Würfe und kassierte im entscheidenden Siebenmeterwerfen keinen einzigen Treffer – drei Siebenmeter konnte er parieren, einen warfen die Spanier entnervt an den Pfosten. Im Finale war dann Kroatien wie schon im Finale der WM 2003 – auch bei diesem Turnier wurde Fritz ins Allstar-Team gewählt – nicht zu bezwingen. Bei seiner ersten WM-Teilnahme 1995 in Island belegte er mit der DHB-Auswahl den vierten Platz. 2002 holte er in Schweden mit EM-Silber seine erste internationale Medaille. Der Torhüter nahm, seit seinem Debüt 1994, an zwölf großen internationalen Turnieren teil. Seit 1993 spielt der in Magdeburg von DDR-Torwartlegende Wieland Schmidt trainierte Fritz in der Bundesliga. Mit dem SC Magdeburg und dem THW Kiel gewann der Mann mit den zwei Gesichtern, im Spiel voller Emotionen, abseits des Feldes eher schüchtern und ruhig, viermal die deutsche Meisterschaft, viermal den EHF-Pokal, einmal den DHB-Pokal sowie einmal den Supercup. Dazu kommen zahlreiche persönliche Ehrungen wie die Wahl zum Handballer des Jahres 2004.

Land: Deutschland
Geburtsdatum: 21.09.1974
Position: TW

Länderspiele: 179
WM-Teilnahmen: 1995, 2001, 2003

Stationen: Dynamo Magdeburg, TuS Magdeburg, SC Magdeburg, THW Kiel

Oleg Gagin

Als Oleg Gagin 1987 in die Bundesliga zum TSV Milbertshofen wechselte, kam er mit der Empfehlung von zwei WM-Teilnahmen. Bei seiner ersten Weltmeisterschaft 1982 in Deutschland gewann er mit der sowjetischen Auswahl auch gleich den Titel, durch einen 30:27-Finalsieg gegen Jugoslawien. Vier Jahre später lief es für die Sowjetunion nicht so gut. Nur Platz zehn für den amtierenden Weltmeister und der damit verbundene Abstieg in die B-Gruppe waren das enttäuschende Ergebnis. In der Bundesliga zeigte der Mann mit der hohen Stirn seine Klasse. Mit dem TSV Milbertshofen gewann Gagin 1990 den deutschen Pokal und erreichte Platz sechs in der Meisterschaft. In der Saison 1988/89 belegte er mit 166 Treffern Rang vier in der Torschützenliste.

Land: Sowjetunion
Geburtsdatum: 07.07.1957
Position: RM

Länderspiele: k.A.
WM-Teilnahmen: 1982, 1986

Stationen: MAI Moskau, TSV Milbertshofen, CSG Erlangen

Juan Garcia (rechts)

Mit 55 Turniertreffern war Juan Garcia bei der Weltmeisterschaft 2005 in Tunesien der erfolgreichste Werfer der spanischen Mannschaft. Allein elf Tore steuerte der Linksaußen im Finale gegen Kroatien bei und hatte so entscheidenden Anteil am Gewinn der Goldmedaille. Zuvor war Garcia mit der Nationalmannschaft bei der Europameisterschaft 2004 in Slowenien nur Zehnter geworden, bei den Olympischen Spielen im gleichen Jahr immerhin Siebter. 2006 scheiterte er mit der Auswahl seines Landes erst im EM-Finale an Frankreich. Mit Ademar Leon gewann Garcia zweimal den Europapokal der Pokalsieger (1999 und 2005) und wurde einmal Meister. 2005 wechselte der 1,76 Meter große Garcia zum FC Barcelona und wurde dort 2006 ebenfalls Meister.

Land: Spanien
Geburtsdatum: 28.08.1977
Position: LA
Länderspiele: 91
WM-Teilnahmen: 2005
Stationen: Ademar Leon, FC Barcelona

GAR

Philippe Gardent

In Frankreich wurde Philippe Gardent zum besten Kreisläufer des 20. Jahrhunderts gewählt. Sein größter Erfolg war der Gewinn der Weltmeisterschaft 1995 im eigenen Land. Zwei Jahre zuvor war er mit der französischen Auswahl bereits Vizeweltmeister geworden. Bei den Olympischen Spielen 1992 in Barcelona errang er mit Frankreich die Bronzemedaille. Als jüngstes von sechs Kindern, begann Gardent in seiner Jugend mit Judo und wechselte später zum Handball. Mit seinen Vereinen gewann er insgesamt fünf französische Meisterschaften und wurde dreimal Französischer Pokalsieger. Zudem holte er 1993 mit OM Vitrolles den Europapokal der Pokalsieger. Nach seiner aktiven Zeit war Philippe Gardent auch als Trainer erfolgreich, er wurde 2001 Meister und 2002 Ligapokalsieger in Frankreich.

Land: Frankreich
Geburtsdatum: 15.03.1964
Position: KM

Länderspiele: 292
WM-Teilnahmen: 1993, 1995

Stationen: Club Paris Université, USM Gagny, USAM Nimes, OM Vitrolles

Mateo Garralda

Als Mateo Garralda bei seiner siebten WM-Teilnahme 2005 in Tunesien mit der spanischen Auswahl den Titel gewann, war der Linkshänder bereits 35 Jahre alt. Dennoch war er mit 41 Toren drittbester Werfer seines Teams bei diesem Turnier. Ein Jahr später in der Schweiz verlor er mit Spanien erst im Finale gegen Frankreich und holte EM-Silber. Der variable Spieler, der in Spanien für den FC Barcelona, Portland San Antonio und Ademar Leon aktiv war, sicherte sich zahlreiche Titel. So gewann Garralda allein sechsmal die Champions League, dreimal den Europapokal der Pokalsieger und einmal den EHF-Cup. Dazu wurde er achtmal Spanischer Meister, errang fünfmal den Supercup sowie dreimal den Königspokal.

Land: Spanien
Geburtsdatum: 01.12.1969
Position: RA, RR

Länderspiele: 217
WM-Teilnahmen: 1993, '95, '97, '99, 2001, 2003, 2005

Stationen: FC Barcelona, Portland San Antonio, Ademar Leon

Peter Gentzel

Seine größten Erfolge feierte Peter Gentzel mit der schwedischen Nationalmannschaft. Als Torhüter gehörte er zum Team, das 1999 in Ägypten durch ein 25:24 im Finale gegen Russland die Weltmeisterschaft gewann. Jeweils WM-Silber holte er bei den Titelkämpfen 1997 in Japan sowie 2001 in Frankreich. Zudem wurde Gentzel mit der schwedischen Auswahl von 1998 bis 2002 dreimal in Folge Europameister und belegte 2004 in Slowenien den siebten Platz. Bei den Olympischen Spielen 2000 in Sydney sicherte er sich die Silbermedaille. 2001 wechselte der 1,99 Meter große und rund 100 Kilogramm schwere Keeper nach Deutschland zur HSG Nordhorn. In 168 Bundesligaspielen erzielte Peter Gentzel immerhin zwei Treffer.

Land: Schweden
Geburtsdatum: 12.10.1968
Position: TW

Länderspiele: 213
WM-Teilnahmen: 1997, 1999, 2001, 2003

Stationen: Redbergslids BK, BM Granollers, HSG Nordhorn

Guillaume Gille

Gemeinsam mit seinem zwei Jahre jüngeren Bruder Bertrand spielt Guillaume Gille stets im selben Team. Erst in der französischen Kleinstadt Valence beim OSC Loriol, dann beim S.O. Chambéry Savoie und seit 2002 in der Bundesliga beim HSV Hamburg. Mit der französischen Nationalmannschaft, für die Guillaume 1996 gegen Jugoslawien sein Debüt gab, gewann er 2001 die Weltmeisterschaft im eigenen Land und 2006 in der Schweiz den Europameistertitel. Vor seinem Wechsel nach Hamburg feierte „Gino" mit S.O. Chambéry, nach drei Vizemeisterschaften in Folge, 2001 den Gewinn der französischen Meisterschaft. In der Bundesliga erwischte der Rückraumspieler einen unglücklichen Start. Nach einem Achillessehnenriss musste er acht Monate pausieren. Guillaume Gille, der es versteht seine Mitspieler perfekt in Szene zu setzen, belegte 2004 mit der Nationalmannschaft sowohl bei der Europameisterschaft in Slowenien als auch bei den Olympischen Spielen in Athen den fünften Platz, und wurde ein Jahr später Dritter bei der Weltmeisterschaft in Tunesien. Mit dem HSV Hamburg gewann der Regisseur, der sich mit seinem Bruder nicht nur auf dem Spielfeld blendend versteht, 2004 den deutschen Supercup und 2006 den DHB-Pokal.

Land: Frankreich
Geburtsdatum: 12.07.1976
Position: RM, RL, RR

Länderspiele: 207
WM-Teilnahmen: 1997, 1999, 2001, 2005

Stationen: HBC Loriol, S.O. Chambéry, HSV Hamburg

Bertrand Gille

Bertrand Gille zählt zu den besten Handballern der Welt, kreierte dabei einen neuen Typ Kreisläufer, der sehr variabel einsetzbar ist. In der Jugend beim OSC Loriol in der französischen Kleinstadt Valence begann er im Rückraum. Doch nach seinem Wechsel zum S.O. Chambéry wechselte Gille auf die Kreisläuferposition. Bereits im November 1997 feierte „Bobo" im Spiel gegen Tschechien seinen Einstand in der französischen Nationalmannschaft. Fortan gehörte Gille, der immer mit vollem Einsatz agiert, fest zum Stamm der Auswahl, die bei der Weltmeisterschaft 1999 in Ägypten Sechster wurde, bei der Europameisterschaft 2000 in Kroatien Platz vier erreichte und bei den Olympischen Spielen in Sydney im gleichen Jahr auf den sechsten Rang kam. Der große Triumph folgte ein Jahr später bei der Weltmeisterschaft im eigenen Land. Die Franzosen gewannen den WM-Titel, auch dank Bertrand Gille, der in einigen Spielen eine Wurfeffektivität von 70 Prozent erreichte und ins All-Star-Team gewählt wurde. Einen weiteren großen Titel feierte er mit Frankreich 2006 bei der Europameisterschaft in der Schweiz, als im Finale Weltmeister Spanien souverän mit 31:23 besiegt wurde. 2003 wurde Bertrand Gille, den sein damaliger Vereinstrainer Bob Hanning als „besten Spieler der Welt im Eins-gegen-Eins" bezeichnete, zum Welthandballer des Jahres gewählt. Vor seinem Wechsel zum HSV Hamburg gewann der Rechtshänder, der stets mit seinem Bruder Guillaume Gille in einem Team spielt, mit S.O. Chambéry, nach drei Vizemeisterschaften in Folge, 2001 die französische Meisterschaft. Mit dem HSV Hamburg gewannen die Gille-Brüder 2004 den deutschen Supercup und 2006 den DHB-Pokal im Finale gegen die SG Kronau/Östringen.

Land: Frankreich
Geburtsdatum: 24.03.1978
Position: KM

Länderspiele: 175
WM-Teilnahmen: 1999, 2001, 2003

Stationen: HBC Loriol, S.O. Chambéry, HSV Hamburg

GIL

GIS

Alfred Gislason

Alfred Gislason hat sich vor allem in Deutschland einen Namen gemacht – erst als Spieler bei TuSEM Essen, später als Trainer des SC Magdeburg. Der Isländer begann mit dem Handballspiel bei KA Akureyri, wechselte 1980 zu Knaftspyrnufelag Reykjavik und empfahl sich über seine Auftritte mit der Nationalmannschaft. Nach seinem Wechsel zu TuSEM Essen 1983 war der Rückraumspieler 1986 und 1987 an den ersten beiden deutschen Meisterschaften des Vereins beteiligt, zudem gewann er mit Essen 1988 den DHB-Pokal. Mit der Nationalmannschaft wurde er bei den Olympischen Spielen 1984 in Los Angeles Sechster, ebenso wie bei der Weltmeisterschaft zwei Jahre später. Bei den Olympischen Spielen 1988 in Seoul kam er mit der isländischen Auswahl auf Rang acht, bei der WM 1990 reichte es zum zehnten Platz. Der studierte Historiker kehrte 1988 nach Reykjavik zurück und wechselte später für zwei Jahre nach Spanien, ehe er als Spielertrainer bei seinem Heimatverein noch bis 1997 aktiv war. Seine Karriere in der Nationalmannschaft hatte der Rechthänder bereits 1991 beendet. 2001 führte er als Trainer den SC Magdeburg zur deutschen Meisterschaft und zum Sieg im EHF-Cup, 2002 folgte der Gewinn der Champions League. Seit Sommer 2006 betreut Gislason den VfL Gummersbach.

Land: Island
Geburtsdatum: 07.09.1959
Position: RL
Länderspiele: 189
WM-Teilnahmen: 1986, 1990
Stationen: Knaftspyrnufelag Reykjavik, TuSEM Essen, Elgorriaga Bidasoa Irun, KA Akureyri

Holger Glandorf

Holger Glandorf gilt als neue Hoffnung im rechten Rückraum der Nationalmannschaft und tritt damit das schwere Erbe Volker Zerbes an. Beim gut besetzten World Cup 2004 in Schweden überzeugte der Linkshänder, war bester Torschütze des deutschen Teams und wurde als einziger Deutscher ins All-Star-Team gewählt. Glandorf, der am 3. Januar 2003 gegen Ungarn sein Debüt in der Nationalmannschaft feierte, erreichte mit der DHB-Auswahl bei der Weltmeisterschaft 2005 in Tunesien den neunten Platz. Seit 1999 spielt er für die HSG Nordhorn. Bereits in der Saison 2001/2002 stand Glandorf in der ersten Mannschaft des Vizemeisters und avancierte schnell zum Stammspieler. Zuletzt musste er seine Teilnahme an der Europameisterschaft 2006 in der Schweiz wegen einer Verletzung absagen.

Land: Deutschland
Geburtsdatum: 30.03.1983
Position: RR

Länderspiele: 30
WM-Teilnahmen: 2005

Stationen: SG OSC/Post SV Osnabrück, HSG Nordhorn

GOL

Slavko Goluza

Als Spielmacher der kroatischen Nationalmannschaft war er an allen großen Erfolgen des jungen Landes beteiligt. 2003 wurde er Weltmeister, 1996 und 2004 Olympiasieger. Bei den Weltmeisterschaften 1995 und 2005 gewann er jeweils Silber, bei der EM 1994 Bronze. Im Jahr 2000 wurde Goluza in Kroatien zum Handballer des Jahres gewählt. Der 1,95 Meter große und 98 Kilogramm schwere Akteur ist Denker und Lenker des Teams und zudem als Torschütze sehr gefährlich. So führte er auch bei seinen jeweiligen Vereinen glänzend Regie und gewann insgesamt neun kroatische Meistertitel und feierte elf Pokalsiege. In Ungarn wurde er mit MBK Veszprem je zweimal Meister und Pokalsieger. Zudem gewann Slavko Goluza mit RK Metkovic 2000 den EHF-Cup.

Land: Kroatien
Geburtsdatum: 17.09.1971
Position: RM

Länderspiele: 213
WM-Teilnahmen: 1995, '97, '99, 2001, 2003, 2005

Stationen: RK Zagreb , TuS N-Luebbecke, RK Metkovic, Paris HB, MBK Veszprem

Heiko Grimm

Bei der Weltmeisterschaft 2003 in Portugal vertrat Heiko Grimm den verletzten Stefan Kretzschmar glänzend. Besonders beim Halbfinalerfolg gegen Frankreich wußte der Linksaußen zu überzeugen und war maßgeblich am Gewinn der Silbermedaille beteiligt. Dabei schaffte Grimm, der schon 1998 seine ersten Länderspiele absolvierte, dann aber vier Jahre nicht berücksichtigt wurde, den Sprung in den WM-Kader erst im letzten Moment. Auch beim Gewinn der Europameisterschaft 1995 in Slowenien stand der abwehrstarke Spieler, der auch im Rückraum eingesetzt werden kann, in der DHB-Auswahl. Mit dem TV Großwallstadt gewann „Timmy" im Jahr 2000 den EHF-Cup. In der Bundesliga erzielte Heiko Grimm bis 2006 in 258 Spielen 762 Tore.

Land: Deutschland
Geburtsdatum: 18.11.1877
Position: LA

Länderspiele: 48
WM-Teilnahmen: 2003

Stationen: TV Kirchzell, TV Großwallstadt, SG Wallau/Massenheim

GRU

Gheorghe Gruia

Der Beginn der großen Karriere von Gheorghe Gruia liest sich fast wie ein Märchen. Gruia, als Volleyballspieler mit Steaua Bukarest Spartakiade-Teilnehmer, kam eines Tages zu früh zum Training und half bei den anwesenden Handballern aus. Er traf zwar selten das Tor, beeindruckte aber durch eine ungeheure Wurfkraft. So stand Gruia zwei Monate später bereits im Handball-Kader des Vereins mit dem er in der Folge achtmal die Meisterschaft und 1968 den Europapokal der Landesmeister gewann. Wenig später wurde er in den Kader der Nationalmannschaft berufen. Dort durfte der Linkshänder anfangs nur Bälle aufpumpen, da auf seiner Position im rechten Rückraum der spätere Erfolgstrainer Petre Ivanescu spielte. 1963 absolvierte Gruia dann sein erstes Spiel im Nationaldress und wurde ein Jahr später mit Rumänien bei der WM in der CSSR Weltmeister. 1967 in Schweden erreichte er mit Rumänien den dritten Platz und wurde Torschützenkönig des WM-Turniers. Seinen zweiten Weltmeistertitel feierte er 1970 in Frankreich. Mit seinem Tor zum 13:12-Endstand in der Verlängerung des Finales gegen die DDR entschied er das Spiel für Rumänien. Bei seinem letzten großen Turnier, den Olympischen Spielen 1972 in München, war der fünffache Welthandballer des Jahres bester Werfer und gewann die Bronzemedaille. Der Rumäne beendete 1973 seine Karriere. Nach mehreren erfolglosen Anfragen durfte er 1978 erstmals nach seiner aktiven Zeit ins Ausland reisen – allerdings nur nach Mexiko, wo es zu der Zeit lediglich sieben aktive Handballer gab. Bei der Wahl zum Welthandballer des Jahrhunderts wurde Gruia, der den verzögerten Sprungwurf perfekt beherrschte, auf Platz vier gewählt – fast drei Jahrzehnte nach seinem Karriereende.

Land: Rumänien
Geburtsdatum: 02.10.1940
Position: RR

Länderspiele: 126
WM-Teilnahmen: 1964, 1967, 1970

Stationen: Steaua Bukarest

HAG

Frode Hagen

Zum Abschluss seiner internationalen Karriere schaffte Frode Hagen mit der Auswahl seines Landes bei der Weltmeisterschaft 2005 in Tunesien den siebten Platz. Es war die beste Platzierung einer norwegischen Nationalmannschaft bei einem internationale Turnier seit dem sechsten Platz bei der Weltmeisterschaft 1958 in der DDR. Hagen gewann mit Drammen HK 1996 den City-Cup und 1997 die norwegische Meisterschaft. Mit dem FC Barcelona wurde er 2003 Spanischer Meister und Sieger im EHF-Pokal. In der Bundesliga spielte der Rechtshänder für die SG Flensburg-Handewitt, die HSG Nordhorn und in Kiel. Mit dem THW sicherte sich der linke Rückraumspieler 2005 und 2006 die deutsche Meisterschaft. Nach der Saison 2005/2006 kehrte Frode Hagen in seine norwegische Heimat zu Drammen HK zurück.

Land: Norwegen
Geburtsdatum: 23.07.1974
Position: RL

Länderspiele: 174
WM-Teilnahmen: 1997, 1999, 2001, 2005

Stationen: Drammen HK, SG Fl-Handewitt, Nordhorn, FC Barcelona, THW Kiel

Matthias Hahn

Mit dem deutschen Rekordnationalspieler Frank-Michael Wahl bildete Hahn ein überragendes Duo, das sich nahezu blind verstand. So feierte der Kreisläufer, der auch im Rückraum eingesetzt werden konnte, Erfolge beim SC Empor Rostock (je zweimal DDR-Meister und DDR-Pokalsieger) und bei der SG Hameln. In der DDR-Nationalmannschaft überzeugte Hahn bei den Olympischen Spielen 1988 in Seoul als Ersatz für den verletzten Ingolf Wiegert. Insgesamt bestritt er für die DDR 55 Länderspiele und erzielte 125 Treffer. Seine einzige Weltmeisterschaft spielte er 1990 in der Tschechoslowakei, hier sicherte er mit Rang acht die Olympia-Qualifikation. Acht Jahre nach den Olympischen Spielen in Barcelona, wo er mit der DHB-Auswahl den zehnten Platz belegte, feierte Matthias Hahn 2000 ein Comeback im Nationalteam.

Land: DDR, Deutschland
Geburtsdatum: 10.01.1965
Position: KM
Länderspiele: 110
WM-Teilnahmen: 1990
Stationen: TSG Bau Rostock, SC Empor Rostock, SG Hameln, SG Flensburg-Handewitt

HAN

Crischa Hannawald

Crischa Hannawald, der eigentlich Grischa (russisch) heißen sollte, ist selbst unter den Torhütern ein Exzentriker. Stets agiert er in kurzer Hose und mit Mundschutz und bringt die Gegenspieler mit seinen Reflexen zur Verzweiflung. Und er trifft sogar ins gegnerische Tor, so warf er 2000 beim Erfolg des TuSEM gegen den TV Großwallstadt sieben Sekunden vor Schluss den Siegtreffer. Hannawald, der mit vier Jahren als Fußballtorwart begann, verdrängte in Essen die Torwart-Legende Stefan Hecker und feierte im Dezember 2000 seine Länderspielpremiere. Zur WM 2001 fuhr er als dritter Torwart hinter Henning Fritz und Christian Ramota. Auch 2002 stand er im Aufgebot und kam bei der Europameisterschaft im Spiel gegen Island zum Einsatz.

Land: Deutschland
Geburtsdatum: 04.02.1971
Position: TW
Länderspiele: 19
WM-Teilnahmen: 2001
Stationen: GWD Minden, LTV bzw. HC Wuppertal, TuSEM Essen, TV Großwallstadt

Thomas Happe

Thomas Happe, der sich nach eigener Aussage alles hart erarbeitet hat, verkörperte in den 1980-Jahren den Abwehrspezialisten wie kaum ein anderer. Als gelernter Linksaußen kam er nach seinem Wechsel vom OSC Dortmund zu TuSEM Essen im Angriff nicht an Ausnahmespieler Jochen Fraatz vorbei. Seine Qualitäten lagen aber vor allem in der Position des offensiven Abwehrspielers, als vorgezogener Spieler in der Deckungsmitte gehörte er zu den weltbesten Spielern. Mit Happe gewann TuSEM Essen je dreimal die deutsche Meisterschaft und den DHB-Pokal, zudem 1989 den Europapokal der Pokalsieger. In der Nationalmannschaft debütierte er 1981, kam aber unter Vlado Stenzel nur gelegentlich zum Einsatz. Dessen Nachfolger Simon Schobel setzte auf Happe, der 1984 bei den Olympischen Spielen in Los Angeles mit dem deutschen Team die Silbermedaille gewann. Bei der Weltmeisterschaft 1986 in der Schweiz belegte Deutschland mit Happe lediglich den siebten Platz und stieg in die B-Gruppe ab, für den Abwehrspezialisten war die internationale Karriere damit beendet. 1993 machte er auch im Verein Schluss und wurde Trainer. Unter anderem betreute er den TuS Schutterwald, den VfL Gummersbach und die Frauen-Bundesligamannschaft von Borussia Dortmund.

Land: Deutschland
Geburtsdatum: 25.03.1958
Position: LA
Länderspiele: 56
WM-Teilnahmen: 1986
Stationen: OSC Dortmund, TuSEM Essen

Stephan Hauck

Als einer der wenigen Handballer beherrschte Stephan Hauck Würfe sowohl mit links als auch mit rechts. Bereits mit knapp 20 Jahren gab er sein Debüt in der DDR-Nationalmannschaft, mit der er bei der Weltmeisterschaft 1986 den dritten Platz erreichte. Zwei Jahre später sollte die Olympiateilnahme in Seoul (7. Platz) das größte Ereignis seiner Karriere werden. Beim SC Dynamo Berlin war der Rückraumspieler schon mit 23 Jahren Kapitän, den Meistertitel gewann er aber nie. Hauck, der am liebsten auf der Spielmacherposition agierte, widerstand als einer der begehrtesten Spieler im Sommer 1990 zunächst dem Werben der westdeutschen Vereine. Erst später wechselte er zur SG Hameln. 1992 belegte Hauck mit der DHB-Auswahl den zehnten Platz bei den Olympischen Spielen in Barcelona.

Land: DDR, Deutschland
Geburtsdatum: 17.08.1961
Position: RM, RL

Länderspiele: 240
WM-Teilnahmen: 1986

Stationen: SC Dynamo/HC Preußen Berlin, Hildesheim, SG Hameln

Stefan Hecker

24 Jahre lang stand Stefan Hecker in der Bundesliga im Tor, so lange wie kein anderer, und bestritt insgesamt 561 Bundesligaspiele. Als Torhüter pflegte Hecker einen eigenen, unorthodoxen Stil, den er gemeinsam mit seinem langjährigen Nationalmannschaftskollegen Andreas Thiel in dem Buch „Halten wie wir" dokumentierte. Hecker, dem als viertem Handballer der Bundesliga die Ehrung „Lebenswerk Handball" zuteil wurde, war bei zwei A- und zwei B-Weltmeisterschaften im Kader. Im Verein gewann er dreimal die deutsche Meisterschaft, dreimal den DHB-Pokal, wurde einmal Europapokalsieger der Pokalsieger und gewann den Supercup. Eine Teilnahme an Olympischen Spielen war Deutschlands Handballer des Jahres 1990 sowohl 1984 als auch acht Jahre später jedoch nicht vergönnt. Für Los Angeles von Bundestrainer Simon Schobel nicht nominiert, wurde er aufgrund einer gerade erst auskurierten Verletzung im Vorfeld der Spiele von Bundestrainer Horst Bredemeier für Barcelona nicht berücksichtigt. Nach Konflikten im Verein verließ Hecker den TuSEM im Jahr 2000 und wechselte zum VfL Gummersbach. Doch mehrere Verletzungen warfen den mittlerweile 42-Jährigen immer wieder zurück. Im April 2004 wechselte Hecker ins Management des Traditionsvereins.

Land: Deutschland
Geburtsdatum: 16.04.1959
Position: TW
Länderspiele: 159
WM-Teilnahmen: 1982, 1986
Stationen: TV Oppum, TuSEM Essen, VfL Gummersbach

HEN

Pascal Hens

Pascal Hens, wegen seiner dünnen Arme „Pommes“ genannt, ist auf der „Königsposition“ im linken Rückraum nach Erhard Wunderlich der erste deutsche Weltklassespieler. Mit der A-Nationalmannschaft feierte Hens große Erfolge. So hatte er beispielsweise im EM-Halbfinale von 2002 gegen Frankreich großen Anteil am 27:24-Sieg und erreichte mit dem DHB-Team den zweiten Platz. Im Halbfinale der WM 2003, ebenfalls gegen Frankreich, gelangen Hens beim 23:22-Erfolg sechs Treffer. Allerdings sorgten ein Ellenbogenbruch und mehrere Bänderrisse im April 2003 für die erste von einigen Verletzungsunterbrechungen in seiner Karriere. Seinen ersten großen Titel gewann Hens, der zeitweise mit einer Irokesenfrisur für Aufsehen sorgte, bei der Europameisterschaft 2004 in Slowenien. Gerade von einem Handbruch im Vorfeld der Olympischen Spiele 2004 in Athen genesen, erlitt er bereits im Vorrundenspiel gegen Ungarn einen Bandscheibenvorfall und erlebte den Gewinn der Silbermedaille nur als Zuschauer auf Tribüne. Bei der WM 2005 zog sich der 2,03 Meter große Hens im ersten Spiel einen Muskelfaserriss zu und musste erneut zuschauen. Nach Rang fünf bei der EM 2006 in der Schweiz gewann er mit dem HSV Hamburg im gleichen Jahr den DHB-Pokal.

Land: Deutschland
Geburtsdatum: 26.03.1980
Position: RL
Länderspiele: 106
WM-Teilnahmen: 2003, 2005
Stationen: TG Kastel, TV Kostheim, Eintracht Wiesbaden, SG Wallau-Massenheim, HSV Hamburg

Wissem Hmam

Der Tunesier Wissem Hmam spielte sich bei der Weltmeisterschaft 2005 im eigenen Land ins Rampenlicht. Mit der Nationalmannschaft erreichte der wurfgewaltige Rückraumspieler völlig überraschend den vierten Platz. Mit 81 Treffern (davon 16 Siebenmetern) sicherte sich Hmam zudem die Torjägerkrone – nur der Koreaner Kyung-Shin Yoon hatte bei der Weltmeisterschaft 1995 mit 86 Treffern mehr Tore bei einem WM-Turnier erzielt. Doch auch seine elf Tore im Spiel um Platz drei konnten die 25:26-Niederlage gegen Frankreich nicht verhindern. Bei zwei vorherigen WM-Teilnahmen hatte der 1,98 Meter große Hmam, der mittlerweile in der ersten französischen Liga spielt, mit der tunesischen Auswahl die Plätze 10 (2001) und 14 (2003) belegt.

Land: Tunesien
Geburtsdatum: 21.04.1981
Position: RL

Länderspiele: k.A.
WM-Teilnahmen: 2001, 2003, 2005

Stationen: Esperence de Tunis, Montpellier Handball

HOF

Manfred Hofmann

Berühmt wurde Manfred Hofmann am 6. März 1976. An diesem Tag sicherte er der bundesdeutschen Nationalmannschaft in Karl-Marx-Stadt mit einem gehaltenen Siebenmeter von Hans Engel in der Schlusssekunde gegen die DDR die Qualifikation für die Olympischen Spiele 1976 in Montreal. Bei den Spielen in Kanada erreichte er mit der DHB-Auswahl den vierten Platz. Legendär wurde Hofmann zwei Jahre später, als er mit dem deutschen Team in Kopenhagen sensationell den WM-Titel gewann. Im Finale setzte man sich gegen die favorisierte Mannschaft der Sowjetunion mit 20:19 durch. Hofmann, der 1973 noch Meister auf dem Großfeld wurde, spielte 16 Jahre für den TV Großwallstadt und bestritt in dieser Zeit 1000 Spiele. 13 Jahre lang und 254 Bundesligaspiele in Folge fehlte Hofmann bei keiner einzigen Partie. Erneut zum Helden in den Schlusssekunden eines Spiels wurde er am 6. Mai 1978. Einen Punkt benötigte der Tabellenführer Gummersbach beim Gastspiel in Großwallstadt, um Deutscher Meister zu werden. Doch mit einer großartigen Parade kurz vor Schluss rettete Hofmann der TVG das 12:11 und die Meisterschaft. 1979 wurde er als zweiter Spieler nach Heiner Brand zum Handballer des Jahres in Deutschland gewählt. Der Torhüter, der mit acht Jahren das Handballspiel begann, gewann viermal die deutsche Meisterschaft und je einmal den Europapokal, den DHB-Pokal und den Goldpokal. Zudem ist Hofmann Träger des Silbernen Lorbeerblattes. Als „Hobbes“ am 12. Juni 1982 vom aktiven Leistungssport zurücktrat, wurde er zum Abschied reich beschenkt. Von seinem Verein erhielt der treue Torhüter mit dem Schnauzbart eine Weltreise, die ihn gemeinsam mit seiner Frau an die großen Stationen seiner Karriere führte.

Land: Deutschland
Geburtsdatum: 30.01.1948
Position: TW
Länderspiele: 110
WM-Teilnahmen: 1978
Stationen: TV Großwallstadt

Jan Holpert

Jan Holpert ist der Handballer mit den meisten Spielen in der Bundesliga. Der Torhüter, der seit 1993 für die SG Flensburg-Handewitt spielt, ist seit 20 Jahren in Deutschlands höchster Spielklasse aktiv. Am 12. Oktober 2005 bestritt Jan Holpert gegen den VfL Pfullingen sein 562. Bundesligaspiel. Damit löste er Stefan Hecker als Rekordhalter ab. Am Ende der Saison 2005/2006 lag er mit 587 Einsätzen ein Spiel vor Volker Zerbe. Im Februar 1990 gab er sein Debüt in der Nationalmannschaft. Zwischen 1993 und 2000 nahm Holpert mit der DHB-Auswahl an zehn großen internationalen Turnieren teil, darunter allein an drei Olympischen Spielen. Sein größter Erfolg in dieser Zeit war die Bronzemedaille bei der Europameisterschaft 1998 in Italien. Nach seinem eigentlich als Auszeit gedachten Rücktritt im Anschluss an die Olympischen Spiele 2000 in Sydney, wurde Holpert von Bundestrainer Heiner Brand nicht mehr berücksichtigt – der setzte auf das Duo Fritz und Ramota. So fehlte er bei den großen Erfolgen der Nationalmannschaft 2003 und 2004. Dennoch kam Holpert auf 228 Einsätze und liegt damit auf Rang zehn in der Liste der deutschen Rekordnationalspieler. Mit dem Verein feierte der Keeper, der erst im Alter von 15 Jahren nach dem Vorbild seines Bruders Fynn mit dem Handballspielen begann, zahlreiche Erfolge. Auf den Gewinn der deutschen Meisterschaft musste Holpert, der beim TSV Milbertshofen in der Bundesliga debütierte, allerdings lange warten: Nach sechs Vizemeisterschaften konnte er mit der SG Flensburg-Handewitt 2004 endlich den Meistertitel feiern. Zudem gewann er mit den Norddeutschen vier Titel im Europapokal, wurde viermal DHB-Pokalsieger und gewann einmal den Supercup.

Land: Deutschland
Geburtsdatum: 04.05.1968
Position: TW

Länderspiele: 228
WM-Teilnahmen: 1993, 1995, 1999

Stationen: TSB Flensburg, TSV Milbertshofen, SG Flensburg-Handewitt

HOL

HOF

Peter Hofmann

Peter Hofmann war der große Rückhalt der DDR-Nationalmannschaft in den 1980er Jahren. Als Schüler spielte Hofmann erfolgreich Wasserball, erst in der 10. Klasse wechselte er zu den Handballern des SC Leipzig. 1980 gab er im Alter von 25 Jahren sein Debüt in der Nationalmannschaft und war bei der WM 1982 hinter Wieland Schmidt und Jürgen Rohde der dritte Torwart im Aufgebot. Vier Jahre später in der Schweiz hatte er dann als Stammspieler großen Anteil am Gewinn der WM-Bronzemedaille. Nach den Olympischen Spielen 1988 erklärte Hofmann seinen Rücktritt aus der Nationalmannschaft, doch überredete ihn Trainer Klaus Langhoff Anfang 1990 zum Comeback. Bei der WM in der Tschechoslowakei erreichte er mit seinem Team den achten Platz und wurde als bester Torhüter des Turniers ausgezeichnet. Große psychische Fähigkeiten und eine beeindruckende Konstanz und Zuverlässigkeit zeichneten Hofmann aus, der nach der WM heftig umworben wurde. Er wechselte zur SG Wallau-Massenheim, beendete seine internationale Karriere und feierte im Verein zahlreiche Erfolge. Mit Wallau gewann er 1992 die Meisterschaft sowie den IHF-Pokal. 1993 verteidigte er mit der SG den Meistertitel, siegte im DHB-Pokal und verlor im Europapokal der Landesmeister erst im Finale.

Land: DDR
Geburtsdatum: 17.10.1955
Position: TW

Länderspiele: 145
WM-Teilnahmen: 1982, 1986, 1990

Stationen: SC Leipzig, SG Wallau-Massenheim, HSG Dutenhofen/M.

Jose Javier Hombrados

Gemeinsam mit David Barrufet bildete Jose Javier Hombrados das Erfolgsduo im Tor der spanischen Nationalmannschaft in den letzten Jahren. Der Torhüter gewann 2005 in Tunesien den Weltmeistertitel durch ein 40:34 im Finale gegen Kroatien. Bei den Europameisterschaften 1996 im eigenen Land und 2006 in der Schweiz unterlag er jeweils erst im Finale und gewann Silber. Die olympische Bronzemedaille sicherte er sich mit der spanischen Auswahl bei den Spielen 1996 in Atlanta. Mit seinen Vereinen in Spanien gewann er zweimal die Champions League und dreimal den Europapokal der Pokalsieger; außerdem wurde der 1,95 Meter große Hombrados dreimal Spanischer Meister und fünfmal Spanischer Pokalsieger.

Land: Spanien
Geburtsdatum: 24.06.1972
Position: TW

Länderspiele: 138
WM-Teilnahmen: 1997, 1999, 2001, 2003, 2005

Stationen: Teka Santander, Teucro, Ademar León, Portland, Ciudad Real

HOR

Hrvoje Horvat

Heiner Brand bezeichnete den jugoslawischen Spielmacher Hrvoje Horvat als „den besten Mittelmann aller Zeiten“. Sein überragendes Spiel spiegelt sich in der Erfolgsstatistik des großartigen Handballers wider: Zweimal nahm er an Olympischen Spielen teil, führte als Kapitän die jugoslawische Mannschaft 1972 in München zum Olympiasieg und belegte 1976 Platz fünf. Viermal spielte Horvat, der dreimal in die Weltauswahl berufen wurde, bei Weltmeisterschaften und gewann zweimal Bronze (1970, 1974), wurde zudem Siebter (1967) und Fünfter (1978). Auch die Erfolgsbilanz auf Vereinsebene kann sich sehen lassen: Mit seinem Heimatverein Partizan Bjelovar gewann Horvat 1972 im Finale gegen den VfL Gummersbach den Europapokal der Landesmeister, siebenmal den Meistertitel in Jugoslawien und dreimal den jugoslawischen Pokal. Der filigrane Techniker, der erst im Alter von 13 Jahren mit dem Handball begann, ist mit 231 Spielen (621 Tore) jugoslawischer Rekordnationalspieler. Der intelligente Mittelmann bestach auch durch seine enorme Torgefährlichkeit. So erzielte er in der Saison 1975/76 im Schnitt 12,3 Tore pro Spiel, insgesamt 312 Treffer und traf in einer Begegnung sogar 25 Mal ins gegnerische Tor. 1979 wechselte der Kroate in die Bundesliga zum TSV Milbertshofen und ein Jahr später weiter zum MTSV Schwabing, den er 1982 in die höchste deutsche Spielklasse führte. 1983 ging der Rechtshänder, der als studierter Jurist 15 Jahre lang als Verkehrsrichter in seiner Heimatstadt Bjelovar tätig war, nach Jugoslawien zurück und wurde Trainer. In dieser Funktion kehrte Hrvoje Horvat in die Bundesliga zurück und trainierte unter anderen den VfL Gummersbach.

Land: Jugoslawien
Geburtsdatum: 22.05.1946
Position: RM

Länderspiele: 231
WM-Teilnahmen: 1967, 1970, 1974, 1978

Stationen: Partizan Bjelovar, TSV Milbertshofen, MTSV Schwabing

HOR

HOR

Claus Hormel (rechts)

Claus Hormel stand bei der Weltmeisterschaft 1978 in Dänemark im Aufgebot der deutschen Nationalmannschaft, die sensationell Weltmeister wurde. Im Finale gegen die UdSSR kam er jedoch nicht zum Einsatz. Ein Jahr zuvor hatte sich Hormel mit den Junioren in Schweden ebenfalls den WM-Titel sichern können. Bei der WM 1982 im eigenen Land stand er erneut im Kader und erreichte mit dem DHB-Team den siebten Platz. Hormel gehörte in den 1970er und 1980er Jahren der großen Mannschaft des TV Großwallstadt an und sammelte zahlreiche Titel. Deutscher Meister 1979, 1980, 1981 und 1984, Deutscher Pokalsieger 1980, 1984 und 1987, Europapokalsieger der Landesmeister 1979 und 1980 sowie Supercupgewinner 1980 stehen für den Kreisläufer zu Buche, der heute Handballcamps für Jugendliche leitet.

Land: Deutschland
Geburtsdatum: 03.05.1957
Position: KM

Länderspiele: 29
WM-Teilnahmen: 1978, 1982

Stationen: GKC Sprendlingen, SG Dietzenbach, TV Großwallstadt

Jan-Olaf Immel

Schwere Verletzungen haben Jan-Olaf Immel immer wieder zurückgeworfen. Dabei begann seine Karriere furios: Nachdem Immel Ende der 1990er Jahre innerhalb kürzester Zeit den Sprung von der Regionalliga in die Bundesliga geschafft hatte, gab er nach nur 14 Spielen in der höchsten deutschen Spielklasse sein Debüt im Nationalteam. Doch mehrere Bandscheibenvorfälle setzten ihn immer wieder für längere Zeit außer Gefecht und zwangen ihn zur Absage großer internationaler Turniere. Zudem verpasste er die WM 2005 aufgrund einer Schulterverletzung. Bei der EM 2004 in Slowenien war er allerdings dabei und hatte mit sieben Treffern im Halbfinale gegen Dänemark großen Anteil am späteren Titelgewinn der deutschen Mannschaft.

Land: Deutschland
Geburtsdatum: 14.03.1976
Position: RL
Länderspiele: 105
WM-Teilnahmen: 2001, 2003
Stationen: TuS Dotzheim, SG Wallau-Massenheim, TV Großwallstadt

ISA

Mile Isakovic

Der „himmlische Flieger“ wurde Mile Isakovic genannt. Der flinke Außenspieler, mit hoher Spielintelligenz und viel Spielwitz ausgestattet, genoss den Ruf, auf dem Parkett ein Künstler zu sein, und galt zudem lange Zeit als der beständigste Linksaußen der Welt. Seine Spezialität waren raffinierte Drehwürfe, bei denen man dem Ball aus spitzem Winkel so viel Schnitt mitgibt, daß dieser unerreichbar für den Torwart aufsetzt und in der langen Torecke landet. Den vom Russen Aleksandr Karschakewitsch kreierten Wurf, den Jochen Fraatz in der Bundesliga bekannt machte, trainierte er bis zur Perfektion. Der schlaksige, 1,85 Meter große Handballstar gewann mit der jugoslawischen Nationalmannschaft bei den Olympischen Spielen 1984 in Los Angeles die Goldmedaille. Zwei Jahre später sicherte er seinem Team im Finale gegen Ungarn durch drei Tore in der Schlussphase den Titel bei der Weltmeisterschaft in der Schweiz. 1990 wurde er ins Allstar-Team der WM gewählt. Auch mit dem Verein holte Isakovic zahlreiche Titel. So gewann er mit Metaloplastica Sabac zweimal den Europapokal der Landesmeister (1985, 1986), fünfmal die Landesmeisterschaft und viermal den nationalen Pokal. In der Bundesliga spielte er eine Saison für den TSV Milbertshofen.

Land: Jugoslawien
Geburtsdatum: 17.01.1958
Position: LA

Länderspiele: 160
WM-Teilnahmen: 1982, 1986, 1990

Stationen: Metaloplastica Sabac, TSV Milbertshofen, Marseille

Petre Ivanescu

Petre Ivanescu engagierte sich sowohl als Spieler als auch später als Trainer immer voll und ganz für den Handballsport. Zu seiner aktiven Zeit gab der Perfektionist immer alles für den Erfolg und verlangte später als Trainer die völlige Identifikation mit dem Sport. Ivanescu zählte in den 1960er Jahren zu den weltbesten Handballern. Zweimal gewann er mit der rumänischen Nationalmannschaft den Titel bei Weltmeisterschaften. 1961 war er mit 24 Treffern, gemeinsam mit dem Tschechen Rada, Torschützenkönig des WM-Turniers in Deutschland. 1964 verteidigte er mit der Mannschaft den Titel in der CSSR. 1965 gewann er mit seinem Verein Dinamo Bukarest durch ein 13:11 gegen Medvescak Zagreb den Europapokal der Landesmeister. Insgesamt holte er mit Dinamo 13 Mal den nationalen Titel. 1967 reiste der 205-fache rumänische Nationalspieler legal in die Bundesrepublik aus, wo er als einer der ersten Bewerber die Prüfung zur Trainer-A-Lizenz ablegte. 1987 nahm er die deutsche Staatsbürgerschaft an. Ivanescu führte den VfL Gummersbach und TuSEM Essen zu insgesamt zehn Titeln. Unter anderem gewann er den Europapokal der Landesmeister sowie drei deutsche Meisterschaften. Zwischen 1987 und 1989 betreute er die deutsche Nationalmannschaft.

Land: Rumänien
Geburtsdatum: 14.04.1936
Position: RR
Länderspiele: 205
WM-Teilnahmen: 1958, 1961, 1964
Stationen: Dinamo Bukarest

JAC

Nicolaj Bredahl Jacobsen

In der dänischen Nationalmannschaft hält Nicolaj Bredahl Jacobsen mit 15 Treffern, die er im WM-Qualifikationsspiel in Griechenland erzielte, den Torrekord. Der Linksaußen war in der Offensive kaum zu bremsen: Schnell im Gegenstoß, wendig im Eins-gegen-Eins-Spiel und trickreich im Abschluss. Der 1,84 Meter große Jacobsen war in seiner Zeit beim THW Kiel viermal unter den besten drei Torschützen der Bundesliga zu finden. Zweimal gewann der sichere Siebenmeterschütze mit dem THW den EHF-Pokal, wurde dreimal Deutscher Meister und zweimal Deutscher Pokalsieger. Dazu gewann der dänische Handballer der Jahre 1993 und 1999 in seiner Heimat dreimal die Meisterschaft und fünfmal den Pokal. Mit der Nationalmannschaft nahm er an drei Weltmeisterschaften (1993, 1995, 1999) teil.

Land: Dänemark
Geburtsdatum: 22.11.1971
Position: LA

Länderspiele: 148
WM-Teilnahmen: 1993, 1995, 1999

Stationen: GOG Gudme, Bayer Dormagen, THW Kiel, Viborg HK

Torsten Jansen

In der Nationalmannschaft stand Torsten Jansen, nach seinem Debüt im Oktober 1999 gegen Polen, lange Zeit im Schatten von Stefan Kretzschmar. Erst nach dessen Rücktritt, wuchs der Linksaußen bei der Weltmeisterschaft 2005 in die Rolle des Leistungsträgers hinein. Dabei hatte der Rechtshänder schon beim Gewinn der EM 2004, als Vertretung für den verletzten Kretzschmar, überzeugt, im Angriff wie auch in der Deckung, in der er aufgrund seiner Abwehrstärke häufig auch die Halbposition besetzte. Mit dem HSV Hamburg gewann „Toto“, der mit 200 Treffern maßgeblichen Anteil am Aufstieg der SG Solingen im Jahr 2000 in die Bundesliga hatte, 2006 den DHB-Pokal. Zum Hanseclub holte ihn der damalige Trainer Bob Hanning, unter dem er bereits bei TuSEM Essen deutscher A-Jugendmeister geworden war.

Land: Deutschland
Geburtsdatum: 23.12.1976
Position: LA

Länderspiele: 90
WM-Teilnahmen: 2001, 2003, 2005

Stationen: TuSEM Essen, SG Solingen, HSG Nordhorn, HSV Hamburg

Jonny Jensen

Gemeinsam mit seinem Landsmann Christian Berge wechselte Jonny Jensen 1999 aus Norwegen in die Bundesliga. Beide spielten bei der SG Flensburg-Handewitt, doch Jensen kam erst 2003 über die Zwischenstationen Bad Schwartau und Eisenach nach Flensburg. Der sehr bewegliche Kreisläufer, der auch in der Abwehr kaum zu überwinden ist, gewann 2004 mit der SG auf Anhieb die deutsche Meisterschaft. 2001 holte er mit dem VfL Bad Schwartau erstmals den DHB-Pokal. 2004 und 2005 kamen zwei weitere nationale Pokalerfolge hinzu. In Norwegen war der 1,90 Meter große Jensen zuvor je dreimal Meister und Pokalsieger geworden. Mit der Nationalmannschaft seines Landes nahm er an zwei Europameisterschaften (2000, 2006) und drei Weltmeisterschaften (1997, 2001, 2005) teil.

Land: Norwegen
Geburtsdatum: 17.02.1972
Position: KM

Länderspiele: 150
WM-Teilnahmen: 1997, 2001, 2005

Stationen: Sandefjord, VfL Bad Schwartau, SG Flensburg-Handewitt

Lars-Krogh Jeppesen

Als David Beckham des Handballs wurde Lars-Krogh Jeppesen bezeichnet. Der 2,00 Meter große und 100 Kilogramm schwere Rückraumspieler fällt mit seinen Tattoos und seinem extravaganten Aussehen ebenso auf, wie mit seinen außergewöhnlichen Leistungen. Mit der Junioren-Nationalmannschaft wurde er 1998 Europameister und zum besten Spieler des Turniers gewählt. 1999 folgte der Sieg bei der Junioren-Weltmeisterschaft. Jeppesen wechselte 2000 in die Bundesliga zur SG Flensburg-Handewitt. Der komplette Spieler, wurfgewaltig im Angriff, konsequent und sicher in der Deckung, gewann in seiner ersten Saison in Deutschland den Europapokal der Pokalsieger. In den folgenden Jahren sicherte er der SG mit seinen Toren regelmäßig Spitzenplätze in der Meisterschaft. Nach dem DHB-Pokal-Erfolg 2003, feierte Jeppesen 2004 Siege in Meisterschaft und Pokal. In den beiden Finalspielen der Champions League 2004 enttäuschte der Rückraumspieler – Flensburg verlor gegen Celje Pivovarna Lasko. Dreimal sicherte sich Jeppesen, der 2005 mit dem FC Barcelona die Champions League gewann, mit der dänischen Auswahl die Bronzemedaille bei Europameisterschaften. Seit dem Sommer 2006 spielt er wieder in der Bundesliga beim THW Kiel.

Land: Dänemark
Geburtsdatum: 05.03.1979
Position: RL, RM

Länderspiele: 123
WM-Teilnahmen: 1999, 2003, 2005

Stationen: Team Helsinge, SG Flensburg-Handewitt, FC Barcelona, THW Kiel

JIC

Filip Jicha

Seine Karriere begann der Rückraumspieler in einem kleinen Dorf in der Nähe von Prag. Von dort wechselte Filip Jicha zu Dukla Prag, wo er zuerst im rechten Rückraum spielte, später jedoch auf die Position im linken Rückraum wechselte. Während der Zeit bei Dukla spielte der 2,00 Meter große und 100 Kilogramm schwere Jicha für 14 Tage in Dubai bei einem Turnier für eine heimische Mannschaft und gewann anschließend mit einem Team aus Katar den Emirates-Cup. Später wechselte er in die Schweiz zum TSV St. Otmar St. Gallen. Dort erreichte er mit der Mannschaft das Halbfinale im Challenge-Cup, musste aber nach einem Daumenbruch 2004 längere Zeit aussetzen. 2005 kam er zum TBV Lemgo in die Bundesliga. Der Tscheche erzielte in seiner ersten Saison 202 Treffer in 34 Bundesligaspielen und gewann mit dem TBV den EHF-Pokal. Schon in seiner Jugend gehörte Jicha den Aufgeboten der verschiedenen Junioren-Nationalmannschaften seines Landes an, von denen er einige als Kapitän anführte. Mit der A-Nationalmannschaft nahm Jicha, der sechsmal zum besten linken Rückraumspieler seines Landes gewählt wurde, an zwei Europameisterschaften (2002, 2004) und der Weltmeisterschaft 2005 in Tunesien teil.

Land: Tschechien
Geburtsdatum: 19.04.1982
Position: RL, RM

Länderspiele: 73
WM-Teilnahmen: 2005

Stationen: Dukla Prag, St Otmar St. Gallen, TBV Lemgo

Stephane Joulin

Stephane Joulin begann im Alter von zehn Jahren mit dem Handballsport. Mit 16 Jahren erlitt er einen Kreuzbandriss, doch er kämpfte sich wieder zurück. Im November 1995 spielte er erstmals in der Nationalmannschaft. Sein größter Erfolg mit der französischen Auswahl war der Gewinn der Bronzemedaille bei der Weltmeisterschaft 1997 in Japan. Bei den Olympischen Spielen 1996 in Atlanta verpasste er mit Platz vier nur knapp eine Medaille. Joulin, der in der Bundesliga für den TV Niederwürzbach und den SC Magdeburg aktiv war, erlitt 1998 seinen zweiten Kreuzbandriss. Auch hiervon erholte sich der Linkshänder und kehrte zurück. Nach dem sechsten Platz bei der Weltmeisterschaft 1999 in Ägypten, belegte Stephane Joulin mit Frankreich bei seiner zweiten Olympia-Teilnahme 2000 in Sydney ebenfalls den sechsten Platz.

Land: Frankreich
Geburtsdatum: 06.01.1971
Position: RR, RA
Länderspiele: 111
WM-Teilnahmen: 1997, '99
Stationen: US Ivry, THSV Eisenach, TV Niederwürzbach, SC Magdeburg, Ciudad Real

JOV

Nedeljko Jovanovic

Als Nedeljko Jovanovic 1995 in die Bundesliga zum Aufsteiger OSC Rheinhausen wechselte, kam das einer Sensation gleich. Gerade war der Serbe bei Teka Santander in seiner ersten Saison in Spanien zum besten Spieler der ersten spanischen Liga gewählt worden. Der technisch hochtalentierte, dazu wurf- und zweikampfstarke Jovanovic führte den Aufsteiger als bester Feldtorschütze seines Teams zwischenzeitlich in die Spitzengruppe der Bundesliga. Der 1,95 Meter große Rückraumspieler, der von sich selbst sagt, dass er auch bei Trainingsspielen nicht verlieren könne, spielte nach dem Rückzug des OSC aus der Bundesliga noch für Niederwürzbach, Essen und Hameln, ehe der Rechthänder 2001 wieder nach Spanien zu Portland San Antonio wechselte. Mit der Nationalmannschaft gewann der sprachbegabte Jovanovic (neben seiner Muttersprache beherrscht er Russisch, Englisch, Spanisch und Deutsch) bei der Europameisterschaft 1996 in Spanien die Bronzemedaille, verpasste aber die Qualifikation für die Olympischen Spiele im gleichen Jahr. Viermal nahm Nedeljko Jovanovic mit der Auswahl seines Landes an Weltmeisterschaften teil und erreichte zweimal den dritten Platz (1999 und 2001).

Land: Serbien & Montenegro
Geburtsdatum: 16.09.1970
Position: RL, RM

Länderspiele: 155
WM-Teilnahmen: 1997, 1999, 2001, 2003

Stationen: TEKA Santander, OSC Rheinh., Niederwürzbach, TuSEM Essen

Mikael Källmann

Der Finne Mikael Källman war 1992 der erste und bislang einzige Ausländer, der in Deutschland zum Handballer des Jahres gewählt wurde. In diesem Jahr hatte der Mittelmann der SG Wallau-Massenheim seinen Verein zum Sieg im IHF-Pokal und zur deutschen Meisterschaft geführt. Im gleichen Jahr wurde er von den Trainern der Bundesliga zum zweiten Mal nach 1990 zum besten ausländischen Spieler der Liga gewählt. Dabei war das filigrane Spiel nicht die Sache des 1,87 Meter großen und 91 Kilogramm schweren Kraftpakets. Dafür verfügte der Rückraumspieler über ein ausgesprochenes Bewegungstalent und über einen harten und platzierten Wurf. In zwölf Jahren Bundesliga brachte es Källmann auf 313 Spiele und erzielte dabei 1278 Tore. Auch in der Nationalmannschaft warf er Tore am Fließband. So wurde er bei der Junioren-WM ebenso Torschützenkönig wie bei der B-WM 1987 und belegte zudem bei der B-WM 1985 hinter dem Ungarn Peter Kovacs den zweiten Platz in der Torschützenliste. Källmann, der es als Fußballer bis in die zweite finnische Liga schaffte, beendete seine Karriere 2004 als Finnischer Vizemeister, nachdem er zuvor bereits sechsmal Finnischer Meister und viermal Pokalsieger geworden war.

Land: Finnland
Geburtsdatum: 12.02.1964
Position: RM

Länderspiele: 116
WM-Teilnahmen: –

Stationen: BK Karjaa, SG Wallau-Massenheim, TuSEM Essen, BK 46 Karis

KAN

Jae-Won Kang

Als erster Nicht-Europäer wurde Jae-Won Kang im Juli 1989 in eine offizielle Weltauswahl berufen. Im gleichen Jahr wurde der sprunggewaltige Linkshänder zum Welthandballer des Jahres gewählt. Der Allrounder Kang spielte in der Deckung dank seiner Schnelligkeit sehr effektiv und war im Angriff als Anspieler gefürchtet und auf jeder Position für den Gegner gefährlich. Aufgrund seiner Sprungkraft und seines harten Wurfes war Kang zudem extrem torgefährlich. Bereits im Alter von 18 Jahren war der 1,83 Meter große und 75 Kilogramm schwere Kang bei den Olympischen Spielen 1984 in Los Angeles mit 33 Treffern Fünfter der Torschützenliste. Ein Jahr später nahm er mit der Junioren-Auswahl seines Landes an der Weltmeisterschaft in Italien teil und war mit 65 Treffern der erfolgreichste Schütze seiner Mannschaft. Bei der A-Weltmeisterschaft 1986 in der Schweiz übertraf Kang mit 67 Treffern die bis dato bestehende Rekordmarke von Vasile Stinga um zwei Tore. In jedem Spiel erzielte er mindestens sieben Treffer, gegen Island gelangen ihm sogar 13 Treffer. 1988 führte Kang die Auswahl Südkoreas sensationell zur Silbermedaille bei den Olympischen Spielen im eigenen Land und war mit 49 Toren der treffsicherste Schütze des Turniers.

Land: Südkorea
Geburtsdatum: 30.11.1965
Position: RR, RM, RA
Länderspiele: k.A.
WM-Teilnahmen: 1986, 1990, 1995
Stationen: k.A.

Nikola Karabatic

Als 17-Jähriger gab der in Jugoslawien geborene Nikola Karabatic im Trikot von Montpellier HB sein Debüt in der ersten französischen Liga. Bereits ein Jahr später absolvierte er sein erstes Spiel für die französische Nationalmannschaft. Mit Montpellier gewann er 2001 Meisterschaft und Pokal. 2003 gelang sogar das Triple aus Meisterschaft, Pokal und Champions League. Im Finale drehte der französische Meister nach einem 19:27 im Hinspiel in Pamplona die Begegnung durch ein 31:19 im Rückspiel und holte sich den Titel – Karabatic erzielte in beiden Spielen zusammen 17 Treffer. Nach insgesamt vier Meisterschaften und vier Pokalsiegen mit Montpellier wechselte er 2005 in die Bundesliga zum THW Kiel, den er direkt im ersten Jahr mit 227 Treffern zur deutschen Meisterschaft führte. Bei der Europameisterschaft 2004 in Slowenien belegte er mit Frankreich den sechsten Platz und wurde ins All-Star-Team gewählt. Zwei Jahre später in der Schweiz gewann der Rechtshänder mit der Auswahl seines Landes den EM-Titel durch einen 31:23 im Finale gegen Spanien, indem Karabatic allein elf Treffer erzielte. Zudem sicherte er sich mit Frankreich sowohl bei der WM 2003 in Portugal als auch bei der WM 2005 in Tunesien die Bronzemedaille.

Land: Frankreich
Geburtsdatum: 11.04.1984
Position: RL

Länderspiele: 79
WM-Teilnahmen: 2003, 2005

Stationen: Colmar HB, Thau HB, Montpellier HB, THW Kiel

KÄS

Horst Käsler

In den Anfängen des Hallenhandballs war Horst Käsler ein erfolgreicher Akteur. Bei seinen beiden Teilnahmen an Hallenhandball-Weltmeisterschaften gewann er 1954 die Silbermedaille und vier Jahre später die Bronzemedaille. 1955 wurde er zudem mit der deutschen Auswahl Weltmeister im Feldhandball und gewann 1956 mit dem Berliner SV 92 die deutsche Meisterschaft in der Halle. Nach dem Ende seiner aktiven Laufbahn lehrte Käsler an der Pädagogischen Hochschule Berlin als Professor für Sportdidaktik. Aus seiner Feder stammen verschiedene Veröffentlichungen zu den Themen Technik-, Taktik- und Konditionsschulung im Handball. Als Nachfolger von Werner Vick war Horst Käsler von Oktober 1972 bis Juni 1974 Bundestrainer.

Land: Deutschland
Geburtsdatum: 18.04.1926
Position: RM
Länderspiele: k.A.
WM-Teilnahmen: 1954, 1958
Stationen: Berliner SV 92

Klaus Kater

Klaus Kater ist ein echter Oberberger und machte seine ersten Schritte auf dem Handballfeld in Kotthausen. 1966 wechselte er zum VfL Gummersbach. In zehn Jahren bei dem Traditionsverein wurde er fünfmal Deutscher Meister sowie viermal Europapokalsieger der Landesmeister. Insgesamt bestritt der Torhüter 76 Bundesligaspiele und 53 Partien im Europapokal. 1977 wechselte er zum Regionalligisten Bayer Leverkusen, mit dem er mehrmals den Aufstieg in die Zweite und Erste Bundesliga schaffte. In der Nationalmannschaft spielte Kater bis 1974. Er nahm an zwei Weltmeisterschaften teil, bei denen er insgesamt viermal zum Einsatz kam und belegte 1972 bei den Olympischen Spielen in München mit der DHB-Auswahl den sechsten Platz.

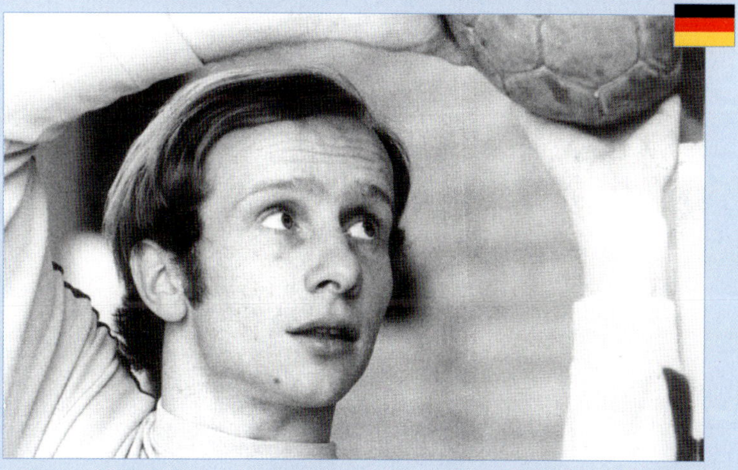

Land: Deutschland
Geburtsdatum: 16.06.1948
Position: TW

Länderspiele: 71
WM-Teilnahmen: 1970, 1974

Stationen: VfL Gummersbach, Bayer Leverkusen

KEH

Florian Kehrmann

Die Erfolge der deutschen Nationalmannschaft zu Anfang des neuen Jahrhunderts sind eng mit dem Namen Florian Kehrmann verbunden. Auf der Rechtsaußen-Position ist der gebürtige Neusser seit vielen Jahren Weltklasse. Nach dem Rücktritt vieler Nationalspieler im Anschluss an den Gewinn der Silbermedaille bei den Olympischen Spielen 2004 in Athen, wurde Kehrmann zur Integrationsfigur für die jungen Spieler und zum verlängerten Arm von Bundestrainer Heiner Brand auf dem Feld. Der torgefährliche Linkshänder gewann unter Trainer Bob Hanning mit TuSEM Essen die deutsche A-Jugendmeisterschaft und wechselte gemeinsam mit Hanning zum Regionalligisten SG Solingen. Nach dem gelungen Aufstieg in die Zweite Liga, gab er im April 1997 sein Debüt in der Nationalmannschaft. 1999 wechselte Kehrmann zum TBV Lemgo, mit dem er 2002 DHB-Pokalsieger und 2003 Deutscher Meister wurde. 2006 gewann er mit dem TBV den EHC-Pokal. In der Nationalmannschaft war Kehrmann ab der Europameisterschaft 2000 in Kroatien bei allen großen Turnieren dabei und gehörte stets zu den erfolgreichsten Torschützen. Im Finale der EM 2002 warf er den Ball mit dem Schlusspfiff zum vermeintlichen Sieg ins verwaiste schwedische Tor, doch die Schiedsrichter verweigerten dem Treffer die Anerkennung. Deutschland musste in die Verlängerung und unterlag 31:33. Zwei Jahre später gewann Florian Kehrmann mit der deutschen Auswahl in Slowenien durch ein 30:25 im Finale gegen den Gastgeber den EM-Titel. Der gelernte Bankkaufmann wurde zweimal zu Deutschlands Handballer des Jahres gewählt und in der Bundesliga und bei internationalen Turnieren mehrmals als bester Rechtsaußen ausgezeichnet.

Land: Deutschland
Geburtsdatum: 26.06.1977
Position: RA

Länderspiele: 170
WM-Teilnahmen: 2001, 2003, 2005

Stationen: HG Kaarst-Büttgen, TuSEM Essen, SG Solingen, TBV Lemgo

KEH

KEM

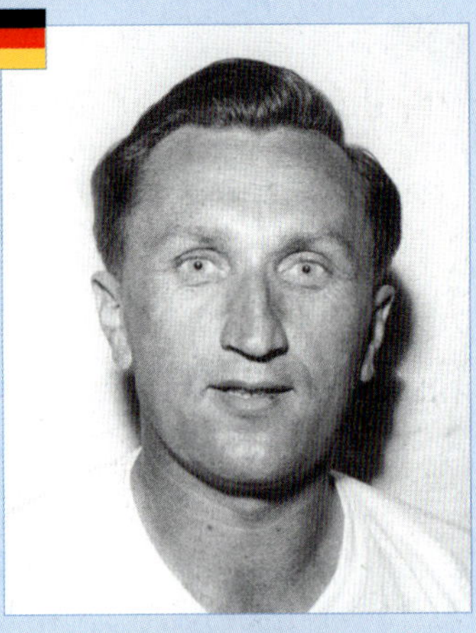

Bernhard Kempa

Sein Name wird für alle Zeiten untrennbar mit dem Handball verbunden sein. Wenn Mannschaften im Spiel den von ihm erfundenen Kempa-Trick erfolgreich vorführen, sind die Zuschauer begeistert. Bei dieser Einlage wird der Ball im hohen Bogen in den Kreis gepasst, wo ein Mitspieler den Ball in der Luft fängt und noch vor der Landung auf das Tor wirft. Die Öffentlichkeit bekam diesen Trick erstmals am 24. März 1954 in der Karlsruher Schwarzwaldhalle beim inoffiziellen Länderspiel zwischen Deutschland und Schweden zu sehen. Mittlerweile gibt es zahlreiche weiterführende Varianten. Kempa selbst wurde in seiner aktiven Zeit zum „Monsieur Handball". Nach dem zweiten Weltkrieg mit seinen Brüdern aus Oberschlesien nach Göppingen gekommen, führte er Frisch Auf Göppingen sowohl als Spieler als auch als Trainer zu zahlreichen Titeln. Mitte der 1950er Jahre war er für viele der beste Handballer der Welt. Auf dem Großfeld wurde er 1952 – bei der WM in der Schweiz war er mit 27 Toren bester Schütze des Turniers – und 1955 Weltmeister. In der Halle erreichte er 1954 mit Deutschland das Finale und wurde Vizeweltmeister. Mit Frisch Auf gewann er viermal die deutsche Meisterschaft. Als Trainer führte er die Göppinger 1960 und 1962 zum Sieg im Europapokal.

Land: Deutschland
Geburtsdatum: 19.11.1920
Position: RM
Länderspiele: 31
WM-Teilnahmen: 1954
Stationen: Frisch Auf Göppingen

Gueric Kervadec

Fast zwölf Jahre spielte Gueric Kervadec in der französischen Nationalmannschaft. In dieser Zeit wurde der Kreisläufer einmal Weltmeister (1995), zweimal WM-Dritter (1997, 2005) und einmal Sechster (1999). Bei den Olympischen Spielen reichte es nur zu den Plätzen vier (1996), fünf (2004) und sechs (2000), und bei Europameisterschaften wurde er einmal Sechster (1994) und zweimal Siebter (1996, 1998). 1997 wechselte er in die Bundesliga zum SC Magdeburg. Mit den Ostdeutschen gewann der 1,98 Meter große und 107 Kilogramm schwere Athlet 1999 und 2001 den EHF-Pokal und wurde zudem 2001 Deutscher Meister. Ein Jahr später holte Kervadec mit dem SCM den Champions-League-Titel durch zwei Siege gegen KC Veszprem in den Finalspielen und kehrte nach Frankreich zum US Creteil zurück.

Land: Frankreich
Geburtsdatum: 09.01.1972
Position: KM

Länderspiele: 217
WM-Teilnahmen: 1995, 1997, 1999, 2005

Stationen: Belley, Venissieux, Nimes, US Creteil, SC Magdeburg

Roger Kjendalen

Roger Kjendalen ist Rekordnationalspieler und Rekordtorschütze seines Landes: Kein anderer Norweger hat mehr Länderspiele absolviert und mehr Tore geworfen. Mit 930 Treffern aus 242 Spielen weist der glänzende Spielmacher eine Quote von 3,8 Toren pro Länderspiel auf. In der Bundesliga war Kjendalen für TuS Schutterwald und die SG Flensburg-Handewitt aktiv und erzielte 648 Treffer in 184 Spielen. Mit seinen Toren (Fünfter der Torschützenliste in der Saison) sicherte er dem Bundesligaaufsteiger TuS Schutterwald 1990 den Klassenerhalt. Mit der SG Flensburg-Handewitt gewann der Rückraumspieler 1997 den EHF-Pokal und zwei Jahre später den City-Cup. 1993 nahm Roger Kjendalen mit der Auswahl seines Landes an der Weltmeisterschaft in Schweden teil und belegte den 13. Platz.

Land: Norwegen
Geburtsdatum: 06.06.1965
Position: RM
Länderspiele: 242
WM-Teilnahmen: 1993
Stationen: Sandefjord, TuS Schutterwald, VfL Fredenbeck, SG Flensburg-Handewitt, Amiticia Zürich

Jerzy Klempel

Tore waren sein Markenzeichen. Der Pole hält noch immer einige Torrekorde in der Bundesliga. So erzielte der Linkshänder im rechten Rückraum in der Saison 1982/1983 beim Spiel in Hofweier 19 Treffer. Dennoch unterlag er mit Frisch Auf Göppingen dem TuS Hofweier mit 27:28, aber kein anderer Spieler erzielte jemals mehr Treffer in einem Bundesligaspiel. In der Saison 1986/1987 warf Klempel in 26 Spielen 239 Tore und wurde wie im Jahr zuvor und im Jahr darauf Torschützenkönig der Bundesliga. Die sensationelle Torquote von 9,19 Treffern pro Spiel in dieser Saison ist ebenso Rekord, wie seine Trefferquote von fast 7,8 Toren, die er im Schnitt in allen seinen Bundesligaspielen erzielte. Klempel, der oft nur einen Schritt Anlauf benötigte und nicht nur hart, sondern auch variantenreich werfen konnte, war wohl der gefährlichste und erstaunlichste Torjäger seiner Zeit. Wenn er nicht wollte, konnte Klempel nämlich auch anders. So trat er zuweilen in einen Bummelstreik und erzielte eben „nur" drei Treffer in einem Spiel. Mit der polnischen Nationalmannschaft gewann Klempel bei den Olympischen Spielen 1976 und der Weltmeisterschaft 1982 jeweils die Bronzemedaille. Zudem wurde er bei den Olympischen Spielen 1980 in Moskau Torschützenkönig des Turniers.

Land: Polen
Geburtsdatum: 23.04.1953
Position: RR
Länderspiele: 240
WM-Teilnahmen: 1974, 1978, 1982
Stationen: FA Göppingen

Andrej Klimovets

Bevor Klimovets 1996 nach Deutschland kam, gewann er in seiner Heimat mit dem SKA Minsk zwischen 1991 und 1996 fünfmal in Folge die nationale Meisterschaft und 1992 den EHF-Pokal. In der Bundesliga setzte der Kreisäufer seine Titelsammlung bei der SG Flensburg-Handewitt fort: City-Pokal 1999, Europapokal der Pokalsieger 2001, Deutsche Meisterschaft 2004, DHB-Pokalsieg 2003, 2004, 2005 und Supercup-Erfolg 2000. Im September 2005 erhielt der 1,96 Meter große und 103 Kilogramm schwere Klimovets die deutsche Staatsbürgerschaft. Einen Monat später feierte der 287-malige weißrussische Nationalspieler beim Supercup in Bremen sein Länderspieldebüt für Deutschland. Mit der DHB-Auswahl belegte er bei der Europameisterschaft 2006 in der Schweiz den fünften Platz.

Land: Weißrussland, D
Geburtsdatum: 18.08.1974
Position: KM
Länderspiele: 304
WM-Teilnahmen: 1995
Stationen: SKA Minsk, OSC Rheinhausen, SG Flensburg-Handewitt, SG Kronau/Östringen

Thomas Knorr

Thomas Knorr ist ein Kämpfer, seine Einstellung auf und neben dem Feld ist vorbildlich. Der 1,93 Meter große und 102 Kilogramm schwere Spieler ließ sich auch von schweren Verletzungen nie unterkriegen. Mit 221 Treffern führte er den THW Kiel 1994 zur ersten deutschen Meisterschaft nach 31 Jahren. Zwei Jahre zuvor war er vom VfL Bad Schwartau an die Kieler Förde gewechselt. Noch als Zweitligaspieler hatte Knorr, den eine ungeheure Dynamik auszeichnet, im März 1990 bei seinem Nationalmannschaftsdebüt gegen Österreich mit sieben Toren überzeugt. Bei seinem ersten großen internationalen Turnier, der Weltmeisterschaft 1993 in Schweden, wurde der Rückraumspieler jedoch überwiegend in der Abwehr eingesetzt. Ein Jahr später erlitt er bei der Europameisterschaft in Portugal einen Kreuz- und Innenbandriss im Knie und fiel acht Monate aus. Nach seiner Genesung erreichte der Rechtshänder mit der DHB-Auswahl bei der Europameisterschaft 1996 in Spanien den achten Platz und wurde mit 41 Treffern Torschützenkönig des Turniers. Mit seinen Vereinen wurde Thomas Knorr viermal Deutscher Meister, gewann je einmal den EHF-Pokal und den Supercup und wurde zweimal DHB-Pokalsieger – zuletzt 2006 mit dem HSV Hamburg.

Land: Deutschland
Geburtsdatum: 16.05.1971
Position: RL, RM
Länderspiele: 83
WM-Teilnahmen: 1993
Stationen: VfL Bad Schwartau, THW Kiel, SG Flensburg-Handewitt, HSV Hamburg

KLÜ

Kurt Klüspies

Beim TV Großwallstadt ist Kurt Klühspies als „Mr. Handball“ bekannt. Bei den Mainfranken, zu denen er als 17-Jähriger kam, war er in fast allen Positionen tätig: Spieler, Trainer, Funtkionär. Noch 1993, neun Jahre nach seinem offiziellen Rücktritt, half Klühspies im Kampf gegen den Abstieg für ein Spiel aus. Schon zuvor war er mehrfach „rückfällig“ geworden und stand seinem Verein bei. Klühspies prägte die erfolgreichste Zeit des Clubs wie kaum ein anderer. Zweimal gewann er mit dem TV Großwallstadt den Europapokal der Landesmeister und holte je einmal den IHF-Pokal und den Supercup. Zudem wurde er mit dem TVG fünfmal (von 1978 bis 1981 sogar viermal in Folge) Deutscher Meister dazu noch einmal auf dem Großfeld (1973) und zweimal Pokalsieger. 1980 gewann er gleich vier Titel: Europapokal, Deutsche Meisterschaft, Supercup und Pokal. Auch mit der Nationalmannschaft feierte der 1,95 Meter große Rückraumspieler beeindruckende Erfolge. 1976 belegte er mit dem DHB-Team den vierten Platz bei den Olympischen Spielen in Montreal. Zwei Jahre später wurde er mit Deutschland sensationell Weltmeister. Im Finale gegen die Sowjetunion erzielte er zwei Tore. Dabei stieß er erst später zur Mannschaft, da er kurz zuvor seine Prüfung zum Industriemeister abgelegt hatte – die Handelskammer hatte seine Prüfung extra vorverlegt. Insgesamt bestritt Klühspies, der nach dem Olympia-Boykott 1980 seine internationale Karriere im Alter von 28 Jahren beendete, 182 Bundesligaspiele, in denen er 680 Tore erzielte. Aufgrund von fortgeschrittener Arthrose sowie Abnutzungs- und Verschleißerscheinungen vor allem in den Fußgelenken, gab Klühspies 1984 seinen Rückzug vom aktiven Handball bekannt.

Land: Deutschland
Geburtsdatum: 04.02.1952
Position: RR
Länderspiele: 102
WM-Teilnahmen: 1978
Stationen: TV Erlenbach, TV Großwallstadt

KLÜ

KOH

Karsten Kohlhaas

In der Zeit des Umbruchs in den 1990er Jahren war Karsten Kohlhaas fester Bestandteil der deutschen Nationalmannschaft. Er absolvierte 97 Länderspiele und nahm an zwei Weltmeisterschaften teil. Dabei erzielte der Rückraumspieler in 13 WM-Spielen 24 Tore. Mit der DHB-Auswahl belegte er bei der WM 1993 in Schweden den sechsten und 1999 in Ägypten den fünften Platz. 1996 nahm er mit der Nationalmannschaft an den Olympischen Spielen in Atlanta teil und erreichte mit dem Team den siebten Platz. Bereits 1988 konnte er in sechs Spielen für den OSC Dortmund Bundesligaluft schnuppern. 1991 wechselte er endgültig in die Bundesliga zu TuSEM Essen. Seine beste Zeit hatte er anschließend bei Bayer Dormagen. Mit der HSG Nordhorn wurde Karsten Kohlhaas 2002 Vizemeister.

Land: Deutschland
Geburtsdatum: 04.04.1970
Position: RL
Länderspiele: 97
WM-Teilnahmen: 1993, 1999
Stationen: OSC Dortmund, TuSEM Essen, Bayer Dormagen, VfL Gummersbach, HSG Nordhorn

Eduard Kokscharow

Der technisch hochbegabte Eduard Kokscharow gilt neben Valerin Gopin als bester Linksaußen Russlands aller Zeiten. Seit 1997 hat der „Eiserne", wie Kokscharow aufgrund seiner robusten Spielweise genannt wird, an allen Weltmeisterschaften teilgenommen. Dabei gewann der Gegenstoß-Spezialist 1997 den Titel und wurde 1999 WM-Zweiter. Den größten Erfolg mit der russischen Auswahl feierte er 2000 in Sydney mit dem Olympiasieg. Vier Jahre später in Athen sicherte er sich die Bronzemedaille. Bei der Europameisterschaft 2000 in Kroatien wurde er mit Russland erst im Finale von Schweden gestoppt und gewann die Silbermedaille. Bei seinen vier weiteren EM-Teilnahmen ging der Junioren-Weltmeister von 1995 jedoch leer aus.

Land: Russland
Geburtsdatum: 04.11.1975
Position: LA

Länderspiele: 277
WM-Teilnahmen: 1997, 1999, 2001, 2003, 2005

Stationen: SKIF Krasnodar, Celje Pivovarna Lasko

KOR

Marek Kordowiecki

Als überaus trickreicher und schlitzohriger Linksaußen hat sich Marek Kordowiecki auch in der Bundesliga einen Namen gemacht. 1993 kam er in die höchste deutsche Spielklasse zum TV Niederwürzbach. Dort wurde er gleich in seiner ersten Saison Deutscher Vizemeister. Zwei Jahre später wurde er mit 199 Treffern Torschützenkönig der Bundesliga und belegte mit dem TV Niederwürzbach erneut den zweiten Platz. Insgesamt warf der 1,88 Meter große Kordowiecki in 143 Bundesligaspielen 794 Tore. 1995 wechselte der Rechtshänder zum Ligakonkurrenten VfL Bad Schwartau, mit dem er zweimal aus der Ersten Bundesliga abstieg. Nach der Saison 1999/2000 beendete er seine Laufbahn. Mit der Nationalmannschaft seines Landes nahm der Pole an der Weltmeisterschaft 1986 in der Schweiz teil und belegte den 14. Platz.

Land: Polen
Geburtsdatum: 19.10.1962
Position: LA

Länderspiele: 128
WM-Teilnahmen: 1986

Stationen: TV Niederwürzbach, VfL Bad Schwartau

Peter Kovacs

Bei der Weltmeisterschaft 1995 feierte der 40-jährige Peter Kovacs noch einmal ein Comeback in der ungarischen Nationalmannschaft. Seine ersten Titelkämpfe bestritt der Rückraumspieler 1970 in Frankreich. 1978 wurde er gemeinsam mit Jerzy Klempel mit 48 erzielten Treffern Torschützenkönig der WM in Dänemark, belegte mit Ungarn aber lediglich den neunten Platz. Bei der WM 1986 hatte Ungarns Spieler des Jahrhunderts mit dem Gewinn der Silbermedaille mehr Erfolg. Das 22:24 im Finale gegen Jugoslawien konnte er aufgrund einer Handverletzung jedoch nicht verhindern. Kovacs, von vielen als perfekter Handballer bezeichnet, gewann mit Honved Budapest 1982 den Europapokal der Landesmeister und wurde sechsmal Ungarischer Meister. Nachdem er mit 251 Toren aus 22 Spielen 1984 Europas Torschützenkönig des Jahres geworden war, wechselte er nach Deutschland zum Zweitligisten OSC Dortmund. Mit 231 Saisontoren warf er das Team in die Erste Bundesliga und sicherte im folgenden Jahr mit 189 Toren die Klasse. In Dortmund wurde „Peter der Große" zum Sportler des Jahres vor den Fußballern des BVB gewählt. Nach dem Abstieg wechselte er zum TV Großwallstadt, mit dem er 1989 Pokalsieger und 1990 Deutscher Meister wurde. 1991 gewann der schnauzbärtige Kovacs mit TuSEM Essen nochmals den DHB-Pokal.

Land: Ungarn
Geburtsdatum: 08.04.1955
Position: RL

Länderspiele: 323
WM-Teilnahmen: 1970, '74, '78, '82, '86, '95

Stationen: H. Budapest, OSC Dortmund, TV Großwallstadt, TuSEM Essen

KRE

Stefan Kretzschmar

Der Handball wurde Stefan Kretzschmar förmlich in die Wiege gelegt. Vater Peter und Mutter Waltraud waren Nationalspieler in der DDR. Schon in der Saison 1991/1992 wurde Kretzschmar Stammspieler im Bundesligateam von Blau-Weiß Spandau. Mit 125 Toren war er auf Anhieb erfolgreichster Werfer seines Teams. 1993 wechselte er zum VfL Gummersbach. In seiner ersten Saison bei den Oberbergern war er mit 142 Toren erneut erfolgreichster Werfer und wurde wie auch 1995 zum Handballer des Jahres in Deutschland gewählt. 1996 warf Bundestrainer Heiner Brand den Linksaußen nach Differenzen aus dem Kader der Nationalmannschaft. Ein Jahr später gab Kretzschmar sein Comeback und feierte mit dem Nationalteam wie im Verein zahlreiche Erfolge. Bei der EM 1998 belegte er mit der deutschen Mannschaft den dritten Platz und gewann 1999 den World Cup. 2002 holte er Silber bei der EM in Schweden. Bei der WM 2003 brach ihm im Halbfinale gegen Frankreich der kleine Finger, so dass er die Finalniederlage gegen Kroatien auf der Tribüne erlebte. Die Europameisterschaft 2004 in Slowenien, bei der Deutschland den Titel gewann, musste er aufgrund einer Operation absagen. Bei den Olympischen Spielen 2004 gab es dann erneut Silber. Anschließend trat er, wie einige andere Nationalspieler der so genannten „Goldenen Generation“, aus der Nationalmannschaft zurück. Mit 151 Toren bei WM-Endrunden hat er mehr erzielt als jeder andere deutsche Spieler. Im Verein gewann er mit dem SC Magdeburg 1997 den Supercup, 1999 und 2001 den Eurocup, 2001 die deutsche Meisterschaft, die Vereins-EM und den Supercup, sowie 2002 die Champions League und erneut die Vereins-EM.

Land: Deutschland
Geburtsdatum: 17.02.1973
Position: LA, RM

Länderspiele: 218
WM-Teilnahmen: 1995, 1999, 2001, 2003

Stationen: SC Dynamo Berlin/BW Spandau, VfL Gummersbach, SC Magdeburg

Michael Krieter

Obwohl Michael Krieter 92 Länderspiele für Deutschland bestritten hat, stand der Torhüter immer im Schatten von Andreas Thiel und Stefan Hecker. Dabei war Krieter 1983 mit der so genannten „Goldenen Generation“ Vizeweltmeister bei den Junioren geworden. Sein Debüt in der Bundesliga feierte der 1,91 Meter große und 91 Kilogramm schwere Krieter 1982 beim TuS Nettelstedt. 1983 wechselte er nach Kiel und wurde mit dem THW in der Folge viermal Deutscher Meister, zweimal Pokalsieger, gewann einmal den Supercup und einmal den EHF-Pokal. Insgesamt kam der Torhüter in der Bundesliga 450 Mal zum Einsatz und ist damit unter den TOP 15 der ewigen Bundesligarangliste. 2003 beendete Michael Krieter seine Karriere bei Post Schwerin.

Land: Deutschland
Geburtsdatum: 21.08.1963
Position: TW
Länderspiele: 92
WM-Teilnahmen: –
Stationen: TG Freden, TuS Nettelstedt, THW Kiel, Eintracht Hildesheim, Post Schwerin

Oleg Kuleschow

Den Höhepunkt seiner bisherigen Karriere erlebte Oleg Kuleschow bei der Weltmeisterschaft 1997 in Japan. Beim 32:21-Finalsieg gegen Schweden zeigte der Spielmacher der Russen eine starke Partie und führte sein Team zum Titel. Ein Jahr zuvor hatte er mit der russischen Auswahl bereits den EM-Titel in Spanien gewonnen. Bei der Weltmeisterschaft 1999 in Ägypten und der Europameisterschaft 2000 in Kroatien erreichte er jeweils das Finale und holte Silber. 2004 gewann der Junioren-Weltmeister von 1995 in Athen die olympische Bronzemedaille. Kuleschow wechselte 1999 in die Bundesliga nach Magdeburg. Mit dem SCM gewann er 2001 die deutsche Meisterschaft und den EHF-Pokal und ein Jahr später die Champions League.

Land: Russland
Geburtsdatum: 15.04.1974
Position: RM

Länderspiele: 123
WM-Teilnahmen: 1995, 1997, 1999, 2001

Stationen: Sdjuschor Omsk, HC Kaustik Wolgograd, SC Magdeburg

Jörg Kunze

Lange Zeit galt Jörg Kunze als ewiges Talent. Der Linkshänder wurde als zu sensibel und zu weich für das harte Bundesligageschäft bewertet. Dennoch spielt der Rückraumspieler seit fast 20 Jahren in Deutschlands höchster Spielklasse. Während seiner bisherigen Karriere wechselte er häufig den Verein und war allein dreimal für den TV Großwallstadt aktiv, mit dem er im Jahr 2000 City-Cup-Sieger wurde. Mit der SG Flensburg-Handewitt gewann er 2001 den Europapokal der Pokalsieger und 2003 den DHB-Pokal. In bisher 415 Bundesligaspielen erzielte Jörg Kunze, der zudem in der Abwehr solide agiert, 1094 Treffer. Er absolvierte 80 Länderspiele und nahm mit der DHB-Auswahl zwischen 1993 und 2001 an drei Weltmeisterschaften teil.

Land: Deutschland
Geburtsdatum: 20.03.1968
Position: RR

Länderspiele: 80
WM-Teilnahmen: 1993, 1995, 2001

Stationen: SG Leutershausen, SG Flensburg/Handewitt, TV Großwallstadt

Blazenko Lackovic

Blazenko Lackovic ist trotz seiner jungen Jahre einer der erfolgreichsten Spieler in Europa. Mit dem RK Zagreb gewann der Rechtshänder dreimal in Folge die Meisterschaft und wurde 2003 mit der kroatischen Nationalmannschaft Weltmeister. Im Finale gegen Deutschland erzielte er vier Tore und war mit einer Trefferquote von 61 Prozent bei 33 erzielten Treffern der effektivste Spieler des gesamten Turniers. Auch bei der Europameisterschaft 2004 in Slowenien (4. Platz) und dem Olympiasieg 2004 in Athen gehörte er zu den Leistungsträgern im kroatischen Team. Anschließend wechselte der 1,97 Meter große Spieler in die Bundesliga zur SG Flensburg-Handewitt. Mit den Norddeutschen gewann Blazenko Lackovic, der als einer der weltbesten Rückraumspieler gilt, 2005 den DHB-Pokal im Finale gegen den THW Kiel.

Land: Kroatien
Geburtsdatum: 25.12.1980
Position: RL

Länderspiele: 75
WM-Teilnahmen: 2003, 2005

Stationen: RK Novi Maroz, RK Varteks, RK Zagreb, SG Flensburg-Handewitt

LAK

Sven Lakenmacher

Als 19-Jähriger wechselte Sven Lakenmacher 1990 von Magdeburg zum TV Großwallstadt. Durch seine guten Leistungen beim TVG schaffte er den Sprung in die Nationalmannschaft. Der trickreiche Linksaußen, der am liebsten auf der Spielmacherposition agiert, nahm mit der DHB-Auswahl an der WM 1993 teil. Nach dem EM-Qualifikationsspiel gegen Israel im Sommer 1993 überzog er zusammen mit Hendrick Ochel den Zapfenstreich und wurde von Bundestrainer Arno Ehret aus dem Kader geworfen. Zwar holte ihn der Trainer 1995 überraschend wieder zurück, doch nominierte Ehret ihn dann ebenso überraschend nicht für die Olympischen Spiele 1996 in Atlanta. Der Traum von Olympia sollte sich dann erst vier Jahre später erfüllen. Bei den Spielen in Sydney erreichte Sven Lakenmacher mit der DHB-Auswahl den fünften Platz.

Land: Deutschland
Geburtsdatum: 26.05.1971
Position: LA, RM
Länderspiele: 47
WM-Teilnahmen: 1993
Stationen: SC Magdeburg, TV Großwallstadt, TuS Nettelstedt, Portland San Antonio, Eintracht Hildesheim

Igor Lawrow

Schlagzeilen machte Igor Lawrow 1999 als er einen Autounfall verursachte, bei dem er und sein russischer Beifahrer und Nationalmannschaftskollege Alexander Tutschkin schwer verletzt wurden. Tutschkin fiel mit einem Halswirbelbruch lange Zeit aus, Lawrow erlitt einen Schlüsselbeinbruch. Der Spielmacher der SG Flensburg-Handewitt kam zurück und gewann mit seinem Verein 1999 den City Cup. 2000 folgte der deutsche Supercup und 2001 der Europapokal der Pokalsieger. Mit der russischen Nationalmannschaft wurde Lawrow 2000 in Sydney Olympiasieger, 1997 Weltmeister und 1996 Europameister. Insgesamt nahm der Rückraumspieler an vier Weltmeisterschaften teil und gewann bei der WM 1999 in Ägypten und der Europameisterschaft 2000 in Kroatien jeweils die Silbermedaille.

Land: Russland
Geburtsdatum: 04.06.1973
Position: RM

Länderspiele: 165
WM-Teilnahmen: 1997, 1999, 2001, 2003

Stationen: ZSKA Moskau, SG Fl-Handewitt, SG Wallau-Massenheim, HSV

LAW

Andrej Lawrow

Noch im Alter von 43 Jahren stand Andrej Lawrow in der deutschen Bundesliga bei der MSG Melsungen/Böddiger im Tor. 17 Jahre lang spielte er international für die Nationalmannschaft und gewann dabei so viele internationale Titel wie kein anderer. Allein dreimal gewann Lawrow bei insgesamt fünf Teilnahmen die Goldmedaille bei Olympischen Spielen (1988, 1992, 2000) und holte 2004 in Athen die Bronzemedaille. Der Torhüter nahm an sieben Weltmeisterschaften teil und wurde 1993 und 1997 Weltmeister. Bei der Europameisterschaft 1996 in Spanien gewann er den letzten internationalen Titel, der ihm noch fehlte. Auf Vereinsebene holte er dagegen lediglich einen Titel. Mit SKIF Krasnodar gewann er den IHF-Pokal. Lawrow, der sich seiner Mutter zuliebe für Handball und gegen Fußball entschied, wurde in jungen Jahren zweimal aus disziplinarischen Gründen für insgesamt anderthalb Jahre gesperrt. Seine internationale Karriere begann 1981 mit Platz zwei bei der Junioren-WM, wo er zum besten Torhüter des Turnier gewählt wurde. Nach dem Gewinn seiner zweiten Goldmedaille bei den Olympischen Spielen 1992 in Barcelona, wechselte Lawrow, nach 20 Jahren in Krasnodar, im Alter von 30 Jahren zum pfälzischen Zweitligisten TuS Dansenberg. Doch nach nur einem Jahr ging er nach Frankreich zum Erstligisten CSM Livry-Gargan, und wiederum ein Jahr später nach Paris zum Klub US Ivry. 1996 kehrte er nach Deutschland zum TV Niederwürzbach zurück, wo er drei Jahre lang zu den besten Torhütern der Liga zählte. 1999 ging Lawrow zum kroatischen Champions-League-Finalisten Badel Zagreb, wechselte 2001 erneut in die Bundesliga, ehe er 2005 nach Russland zurückkehrte.

Land: Russland
Geburtsdatum: 26.03.1962
Position: TW

Länderspiele: ca. 300
WM-Teilnahmen: 1990, ’93, ’95, ’97, ’99, 2001, 2003

Stationen: SKIF Krasnodar, US Ivry Paris, TV Niederwürzbach, Badel Zagreb

LAW

Milan Lazarevic

Seine beste Zeit hatte Milan Lazarevic vor seinem Wechsel in die Bundesliga. Bei den Weltmeisterschaften 1970 in Frankreich und 1974 in der DDR gewann er mit der jugoslawischen Nationalmannschaft jeweils die Bronzemedaille. 1972 gelang ihm bei den Spielen in München mit dem Olympiasieg die Krönung seiner Karriere. Lazarevic wurde zum besten Spieler des Turniers gewählt. Der sprung- und wurfgewaltige Rückraumspieler von Roter Stern Belgrad absolvierte 1976 ein Jahr beim Militär und wechselte anschließend nach Deutschland zum TuS Nettelstedt. Dort gewann er 1981 den Europapokal der Pokalsieger und wurde Deutscher Pokalsieger. Insgesamt erzielte Milan Lazarevic, der nach einer Verletzung nie wieder an seine alte Weltklasseform anknüpfen konnte, in 95 Bundesligaspielen 197 Tore.

Land: Jugoslawien
Geburtsdatum: 11.07.1948
Position: RL

Länderspiele: k.A.
WM-Teilnahmen: 1970, 1974

Stationen: Roter Stern Belgrad, TuS Nettelstedt

Carsten Lichtlein

Bei der Jugend-Europameisterschaft 1999 in Portugal wurde der Spielführer der deutschen Mannschaft zum besten Torhüter des Turniers gewählt und bekam danach zahlreiche Angebote von hochklassigen Vereinen. Doch Carsten Lichtlein plante seine Karriere behutsam und wechselte 1999 nach Kirchzell, um in der Regionalliga Spielpraxis zu sammeln. Nach dem Aufstieg in die Zweite Liga, wechselte er zum TV Großwaldstadt, für den bereits sein Vater gespielt hatte. Im November 2001 feierte er sein Debüt in der Nationalmannschaft. Sowohl bei der Weltmeisterschaft 2003 als auch bei der Europameisterschaft 2004 gehörte Lichtlein als dritter Torhüter dem Kader an. Überragend seine Leistung beim Supercup 2003, als er beim 36:22-Erfolg über Russland drei Siebenmeter und insgesamt 16 Würfe parierte.

Land: Deutschland
Geburtsdatum: 04.11.1980
Position: TW

Länderspiele: 61
WM-Teilnahmen: 2003, 2005

Stationen: TG Würzburg-Heidingsfeld, TV Kirchzell, TV Großwallstadt, TBV Lemgo

LIC

Robert-Ioan Licu

Als Sohn des bekannten Handballspielers Ghita Licu – Weltmeister 1970 und 1974 mit der rumänischen Nationalmannschaft – hatte es Robert Licu nicht immer leicht. Zudem wurde der talentierte Linkshänder zu Beginn seiner Karriere bei Dinamo Bukarest von seinem Vater trainiert. Der wurfgewaltige Rückraumspieler verkörperte die rumänische Schule – beweglich, schnell, trickreich, technisch ausgereift. Schon als 17-Jähriger spielte er in der Seniorenmannschaft des Vereins, mit 18 Jahren gab er sein Debüt in der Nationalmannschaft. 1990 wechselte Licu zu Universitatea Craiova und warf 13 Tore im Spiel gegen seinen alten Verein, der immer noch von seinem Vater trainiert wurde. 1991 und 1992 gewann er mit Craiova die rumänische Meisterschaft. Höhepunkt der Karriere Licus war die Weltmeisterschaft 1990 in der Tschechoslowakei, bei der das Team Rumäniens völlig überraschend die Bronzemedaille gewann. Auch bei der Weltmeisterschaft 1993 in Schweden glänzte Licu, wurde mit seinem Team aber nur Zehnter, ebenso wie 1995 in Island, und wechselte anschließend in die Bundesliga. Dort spielte er insgesamt acht Jahre in Magdeburg, Eisenach und Schwerin und warf in 177 Spielen 896 Tore.

Land: Rumänien
Geburtsdatum: 07.05.1969
Position: RR

Länderspiele: 233
WM-Teilnahmen: 1990, 1993, 1995

Stationen: U. Craiova, SC Magdeburg, ThSV Eisenach, SV Post Schwerin

Marcin Lijewski

In der Bundesliga ist Marcin Lijewski spätestens seit 2002 ein Begriff. Der torgefährliche Rückraumspieler wechselte in diesem Jahr von Wisla Plock zur SG Flensburg-Handewitt. Mit seinen Toren hatte Lijewski, der in Polen bereits dreimal nationaler Meister geworden war, entscheidenden Anteil am Pokalsieg 2003 und am erstmaligen Gewinn der deutschen Meisterschaft im Jahr darauf. 2004 und 2005 gewann er mit der SG Flensburg-Handewitt erneut den DHB-Pokal. In 130 Bundesligaspielen für die SG erzielte der Linkshänder 507 Treffer. Bei seiner einzigen WM-Teilnahme 2003 in Portugal belegte er mit der Auswahl seines Landes den zehnten Platz. Marcin Lijewski nahm mit Polen zudem an drei Europameisterschaften teil.

Land: Polen
Geburtsdatum: 21.09.1977
Position: RR
Länderspiele: 118
WM-Teilnahmen: 2003
Stationen: KKS Ostrow WLKP, GKS Wybrezeze Danzig, Wisla Plock SSA, SG Flensburg-Handewitt

LIM

Carlos Lima

Besonders aus seinen zwei Jahren in der Bundesliga beim TBV Lemgo ist Carlos Lima den deutschen Handballfans bekannt. 2002 gewann er mit dem spanischen Erstligisten Ademar Leon die nationale Meisterschaft und wechselte anschließend in die Bundesliga nach Lemgo. Der 1,90 Meter große Linksaußen wurde mit dem TBV auf Anhieb Deutscher Meister. Bei der Weltmeisterschaft 1993 in Schweden erreichte er mit der Nationalmannschaft den überraschenden vierten Platz und gehörte ebenso zwei Jahre später in Island bei der vorerst letzten WM-Teilnahme der Schweiz zum Aufgebot. Carlos Lima belegte mit der Auswahl seines Landes bei den Olympischen Spielen 1996 in Atlanta den achten Platz und nahm zudem an zwei Europameisterschaften teil.

Land: Schweiz
Geburtsdatum: 21.02.1970
Position: LA
Länderspiele: 180
WM-Teilnahmen: 1993, 1995
Stationen: HC Kriens, TV Suhr, Ademar Leon, TBV Lemgo, Stans/Zentralschweiz, BM Torrevieja

Ola Lindgren

Mit sieben Teilnahmen an WM-Endrunden ist Ola Lindgren einer der erfolgreichsten Handballer aller Zeiten. Zwischen 1988 und 2003 gehörte der 1,92 Meter große Kreisläufer zum festen Stamm der schwedischen Nationalmannschaft. So gewann er zweimal die Weltmeisterschaft (1990 und 1999), wurde zweimal WM-Zweiter (1997 und 2001) und zweimal Dritter (1993 und 1995). Nur 2003 (13. Platz) blieb er bei den Welttitelkämpfen ohne Medaille. Dreimal in Folge gewann er mit der schwedischen Auswahl den Titel bei Europameisterschaften (1998, 2000, 2002). Nur die Goldmedaille bei Olympischen Spielen blieb Lindgren versagt. Dreimal erreichte er das Finale, musste sich aber jeweils mit der Silbermedaille zufrieden geben (1992, 1996, 2000). Lindgren, der im Alter von zehn Jahren mit Handball begann, spielte parallel Fußball. Noch mit 17 Jahren war er als Fußballer in der fünften Liga aktiv, entschied sich dann aber endgültig für Handball. Nach vier schwedischen Meistertiteln und drei Pokalsiegen wechselte Ola Lindgren, der zweimal zum Spieler des Jahres in Schweden gewählt wurde, in die Bundesliga. 2002 wurde er mit der HSG Nordhorn deutscher Vizemeister. Nach dem Ende seiner Karriere 2003 übernahm er in Nordhorn das Traineramt.

Land: Schweden
Geburtsdatum: 29.02.1964
Position: KM

Länderspiele: 376
WM-Teilnahmen: 1990, '93, '95, '97, '99, 2001, 2003

Stationen: Drott Halmstadt, HSG Dutenhofen/M., HSV Düsseldorf, HSG Nordhorn

LÖV

Stefan Lövgren

Als Handballer zielstrebig und konsequent, als Kapitän der schwedischen Nationalmannschaft und des THW Kiel der absolute Führungsspieler und als Mensch bescheiden und sozial engagiert: Stefan Lövgren ist auf und neben dem Handballfeld eine echte Persönlichkeit. Der 1,98 Meter große Athlet, der am 23. Oktober 1993 sein Debüt in der Nationalmannschaft feierte, nahm allein sechsmal an Weltmeisterschaften teil. 1999 gewann er mit Schweden den WM-Titel und wurde, wie auch 2001 (2. Platz), zum besten Spieler des Turniers gewählt. Bei den Olympischen Spielen 1996 in Atlanta holte er mit seinem Team die Silbermedaille. Auch vier Jahre später in Sydney ging es bis ins Finale, doch reichte es erneut nur zum zweiten Platz. Lövgren wurde ins All-Star-Team gewählt und war zusammen mit dem Spanier Rafael Guijosa erfolgreichster Torschütze (48 Treffer) des Turniers. Mit seinem Heimatland nahm er zudem an fünf Europameisterschaften teil, gewann viermal den Titel und wurde beim EM-Triumpf 2002 im eigenen Land ins All-Star-Team berufen. Lövgren begann schon im Alter von vier Jahren mit dem Handball. Mit Redbergslid Göteborg wurde er in acht Jahren fünfmal schwedischer Meister und mehrfach zum besten Spieler der Saison gewählt. Über den TV Niederwürzbach kam Lövgren 1999 nach Kiel. Der Allrounder, der als Spielgestalter, Torschütze und Anspieler glänzt, gewann mit dem THW in den folgenden Jahren zweimal den EHF-Pokal, viermal die deutsche Meisterschaft, einmal den DHB-Pokal und scheiterte 2000 in der Champions League erst im Finale am FC Barcelona. 1999 belegte er bei der Wahl zum Welthandballer des Jahres hinter Daniel Stephan den zweiten Platz.

Land: Schweden
Geburtsdatum: 21.12.1970
Position: RM, RL

Länderspiele: 268
WM-Teilnahmen: 1995, ’97, ’99, 2001, 2003, 2005

Stationen: Skepplanda BTK, Redbergslid Göteborg, TV Niederwürzbach, THW Kiel

Demetrio Lozano

Schon 1996 spielte Demetrio Lozano in der spanischen Nationalmannschaft und feierte in diesem Jahr auch gleich seine ersten Erfolge. Bei der EM im eigenen Land gewann er die Silbermedaille, bei den Olympischen Spielen in Atlanta folgte dann noch die Bronzemedaille. Zweiter wurde der 1,95 Meter große Rückraumspieler auch bei der EM 1998 in Italien und belegte im Jahr 2000 jeweils den dritten Platz bei der EM in Kroatien und den Olympischen Spielen in Sydney. Der Höhepunkt seiner Karriere sollte dann 2005 in Tunesien folgen, als der Rechtshänder mit der spanischen Auswahl überraschend die Weltmeisterschaft gewann. 2006 musste er sich im EM-Finale Frankreich geschlagen geben. Außerdem wurde Demetrio Lozano zweimal EHF-Pokal-Sieger sowie zweimal Spanischer Meister.

Land: Spanien
Geburtsdatum: 26.09.1975
Position: RM, RL

Länderspiele: 186
WM-Teilnahmen: 2001, 2005

Stationen: Ademar Leon, FC Barcelona, THW Kiel, Portland San Antonio

Herbert Lübking

Herbert Lübking war einer der populärsten Handballer in Deutschland. Der langjährige Rekord-Nationalspieler – er wurde erst im Januar 1981 durch Horst Spengler abgelöst – ist eine Legende. Mit 82 Kilogramm bei einer Größe von 1,83 Meter war der Spielmacher und Torjäger eher schlank, glänzte aber durch enorme Spielintelligenz und variable Würfe. Mit GW Dankersen wurde Lübking auf dem Großfeld dreimal Europapokalsieger, zweimal Deutscher Meister und fünfmal Deutscher Vizemeister. Mit der Nationalmannschaft, für die er 1962 bei seinem ersten Spiel gegen Jugoslawien sechs Treffer erzielte, erreichte er auf dem Großfeld bei der WM 1963 den zweiten Platz und gewann drei Jahre später den WM-Titel. Auch in der Halle war Lübking erfolgreich. Er nahm an den Weltmeisterschaften 1964, 1967 und 1970 teil und wurde 1967 in Schweden mit 38 Treffern Torschützenkönig des Turniers. 1970 sorgte sein Wechsel von GW Dankersen zum sechstklassigen Kreisligisten TuS Nettelstedt für Aufsehen. Die Aussicht auf eine berufliche Perspektive hatte ihn gelockt, und die Rechnung des Geldgebers ging auf: Lübking führte Nettelstedt in einem beispiellosen Durchmarsch bis 1976 in die erste Liga. Nach über 6000 Treffern für Dankersen und Nettelstedt beendete Lübking 1978 seine einzigartige Karriere. 1980 kehrte er als Spielertrainer des TBV Lemgo zurück und führte die Westfalen in die Zweite Bundesliga.

Land: Deutschland
Geburtsdatum: 23.10.1941
Position: RM, RL

Länderspiele: 139
WM-Teilnahmen: 1964, 1967, 1970

Stationen: Grün-Weiß Dankersen, TuS Nettelstedt, TBV Lemgo

Wladimir Maksimow

Wladimir Maksimow ist der mächtigste Mann im russischen Handball. Nicht nur als Trainer der Nationalmannschaft, mit der er zweimal Weltmeister und einmal Europameister wurde, sondern auch als Chef im Verband. Nach dem enttäuschenden Abschneiden der Mannschaft bei der Weltmeisterschaft 2005 mit Platz acht, übernahm er wieder das Amt von seinem Nachfolger und führte Russland zur WM 2007 in Deutschland. Mit Handball kam Maksimow erst im Alter von 18 Jahren in Kontakt. Der Basketballer nahm mit seinem Team 1964 zum Spaß an den regionalen Handball-Meisterschaften nahe Krasnodar teil. Seine Mannschaft wurde Vizemeister, Maksimow warf allein im Finale 21 Tore und spielte fortan Handball bei SKIF Krasnodar, wo er 1967 erstmals die sowjetische Meisterschaft gewann. Anfang der 1970er Jahre wechselte er zum Studentenklub MAI Moskau, mit dem er 1973 und 1977 den Europapokal gewann. In der Nationalmannschaft wurde Maksimow bei der Weltmeisterschaft 1970 in Frankreich mit 31 Treffern Torschützenkönig, die Mannschaft erreichte jedoch nur den neunten Platz. 1976 gewann der legendäre linke Rückraumspieler mit der Sowjetunion die Goldmedaille bei den Olympischen Spielen in Montreal. Sein letztes Länderspiel sollte die Krönung seiner Laufbahn werden. Doch im Finale der WM 1978 in Dänemark behielt Deutschland die Oberhand. Nach dem Ende seiner aktiven Laufbahn wechselte Maksimow ins Trainergeschäft. Zuerst übernahm er eine Auswahlmannschaft der Junioren, später arbeitete er als Co-Trainer der GUS-Mannschaft, hielt aber schon sämtliche Fäden in der Hand. 1992 wurde er schließlich erstmals Cheftrainer der russischen Auswahl.

Land: Sowjetunion, Russland
Geburtsdatum: 14.10.1945
Position: RL

Länderspiele: 175
WM-Teilnahmen: 1970, 1974, 1978

Stationen: SKIF Krasnodar, MAI Moskau

MAK

MAR

Laszlo Marosi

Neun Jahre, von 1991 bis 1999, spielte Laszlo Marosi in der Bundesliga beim TBV Lemgo und erzielte in 256 Spielen 1200 Treffer – eine Quote von fast fünf Toren pro Spiel. Mit dem TBV gewann der Rückraumspieler, der später auch auf Linksaußen für Tore sorgte, 1996 den Europapokal der Pokalsieger. Marosi, der 1996 die deutsche Staatsbürgerschaft annahm, wurde 1997 Deutscher Meister und siegte zweimal im DHB-Pokal (1995, 1997). 1993 nahm er mit der Auswahl seines Landes an der WM in Schweden teil. 1999 kehrte Marosi nach Ungarn zu Dunaferr SE zurück und beendete seine Karriere bei Tatabánya Carbonex KC, wo er anschließend Sportdirektor wurde. Beim TBV wird das Trikot mit seiner Nummer sechs seit seinem Abschied aus Lemgo nicht mehr vergeben.

Land: Ungarn, Deutschland
Geburtsdatum: 26.11.1962
Position: RL, LA

Länderspiele: 171
WM-Teilnahmen: 1993

Stationen: Bányász Tatabánya, TBV Lemgo, Dunaferr SE, Tatabanya Carbonex KC

Bruno Martini
(hintere Reihe, links)

Bruno Martini nahm mit der französischen Auswahl an insgesamt vier Weltmeisterschaften teil und gewann jeweils eine Medaille: 1995 und 2001 wurde er mit Frankreich Weltmeister, 1997 und 2003 gewann er jeweils die Bronzemedaille. Bei Olympischen Spielen und Europameisterschaften ging er allerdings leer aus. Der vierte Platz bei den Spielen 1996 in Atlanta war diesbezüglich sein bestes Ergebnis. Im Verein war der Torhüter, der 2000 beim HC Wuppertal 27 Spiele in der Bundesliga bestritt, ebenfalls erfolgreich: Mit Montpellier HB sicherte er sich 2003 die Champions League, bereits 1993 hatte er mit OM Vitrolles den Europapokal der Pokalsieger gewonnen. Zudem wurde Martini jeweils fünfmal Französischer Meister und Pokalsieger.

Land: Frankreich
Geburtsdatum: 03.07.1970
Position: TW

Länderspiele: 202
WM-Teilnahmen: 1995, 1997, 2001, 2003

Stationen: OM Vitrolles, Spacers Toulous, Cangas, HC Wuppertal, Montpellier HB

MAY

Otto Maychrzak

Otto Maychrzak, Hamburgs größter Handballspieler aller Zeiten, der aufgrund seiner enormen Wurfkraft „Atom-Otto“ genannt wurde, nahm mit der deutschen Nationalmannschaft 1954 an der Weltmeisterschaft in Schweden teil. Die Mannschaft um Handballgrößen wie Heinrich Dahlinger, Bernhard Kempa und Hinrich Schwenker sowie den späteren Bundestrainern Werner Vick und Horst Käsler erreichte das Finale, unterlag dort den Gastgebern mit 14:17 und erkämpfte sich die Silbermedaille. Mit 16 Treffern wurde Otto Maychrzak Torschützenkönig der ersten Hallenhandball-Weltmeisterschaft nach dem Zweiten Weltkrieg. Vier Jahre später bei den Titelkämpfen in der DDR gewann der Rückraumspieler mit seiner Mannschaft WM-Bronze. Der Kriminal-Hauptkommissar begann das Handballspielen mit 14 Jahren bei Hamm 74. In den 1950er Jahren wurde er mit dem SV Polizei Hamburg achtmal Deutscher Meister. Noch mit 40 Jahren war Maychrzak als Spielertrainer beim Niendorfer TSV aktiv. Zu seinem 70. Geburtstag wurde er vom Deutschen Handball-Bund mit der Goldenen Ehrennadel des Verbandes ausgezeichnet. Im November 2002 erlag Otto Maychrzak im Alter von 75 Jahren einer Lungenembolie.

Land: Deutschland
Geburtsdatum: 06.03.1927
Position: Rückraum

Länderspiele: 29
WM-Teilnahmen: 1954, 1958

Stationen: Hamm 74, Polizei SV Hamburg, Niendorfer TSV

Arnulf Meffle

Sein Debüt in der deutschen Nationalmannschaft gab Arnulf Meffle im Februar 1977. Den größten Erfolg feierte er bereits ein Jahr später bei der Weltmeisterschaft in Dänemark. Deutschland gewann in Kopenhagen durch ein 20:19 im Finale gegen das favorisierte Team aus der Sowjetunion den Weltmeistertitel. Der wendige Rechtsaußen absolvierte im Turnier alle sechs Spiele und erzielte zwölf Treffer. Zwei Jahre später durfte er mit der Nationalmannschaft aufgrund des Olympiaboykotts an den Spielen in Moskau nicht teilnehmen. 1984 profitierte die deutsche Auswahl vom Boykott der osteuropäischen Staaten und fuhr als eigentlich nicht qualifiziertes Team zu den Olympischen Spielen. In Los Angeles gewann Meffle mit der DHB-Auswahl um Andreas Thiel, Martin Schwalb und Jochen Fraatz sensationell die Silbermedaille. Meffle begann im Alter von zehn Jahren beim TuS Schutterwald mit dem Handballspielen. 1977 wechselte er zum TuS Hofweier in die Bundesliga und wurde auf Anhieb Vizemeister. 1987 beendete er seine Karriere, half dem abstiegsbedrohten Verein 1989 aber noch einmal aus. Insgesamt erzielte Meffle, der 1985 Studenten-Weltmeister wurde, in 270 Bundesligaspielen 625 Treffer.

Land: Deutschland
Geburtsdatum: 01.12.1957
Position: RA

Länderspiele: 71
WM-Teilnahmen: 1978

Stationen: TuS Schutterwald, TuS Hofweier

MEI

Peter Meisinger

Peter Meisinger hat den TV Großwallstadt in den vergangenen 30 Jahren sowohl als Spieler als auch als Trainer entscheidend mit geprägt. Als Spieler gewann er fünfmal die deutsche Meisterschaft und wurde zweimal DHB-Pokalsieger. Zudem siegte er mit dem TVG zweimal im Europapokal der Landesmeister und einmal im IHF-Cup. Als Trainer führte Meisinger seinen Verein zu jeweils einem City-Cup-Erfolg, einer deutschen Meisterschaft und einem DHB-Pokalsieg. Nach 15 Jahren bei seinem Heimatverein TSV Kirchbrombach war Peter Meisinger gemeinsam mit Trainer Klaus Zöll in die Bundesliga zum TV Großwallstadt gewechselt. Schon in seinem zweiten Jahr gewann der Spielmacher seine erste deutsche Meisterschaft und war mit 99 Treffern hinter Kurt Klühspies zweitbester Torschütze des Teams. Nach dem Gewinn der fünften Meisterschaft 1984 musste Meisinger wegen anhaltender Hüftbeschwerden seine Karriere beenden. In 243 Pflichtspielen für den TV Großwallstadt erzielte er 896 Tore. In der Nationalmannschaft kam Meisinger bei der WM 1978 in Dänemark noch nicht zum Zug. Der Boykott 1980 kostete ihn die Teilnahme an den Olympischen Spielen in Moskau, bei der Weltmeisterschaft 1982 im eigenen Land war er dann dabei und belegte mit der DHB-Auswahl den siebten Platz.

Land: Deutschland
Geburtsdatum: 16.12.1954
Position: RM

Länderspiele: 64
WM-Teilnahmen: 1982

Stationen: TSV Kirchbrombach, TV Großwallstadt

Zdravko Miljak

Mit seinen Toren hielt Zdravko Miljak den TuS Nettelstedt und den VfL Günzburg in der Bundesliga. Doch ausgerechnet in dem Jahr, in dem er die Torjägerkrone gewann, stieg er mit Günzburg in die Zweite Liga ab. Fünfmal in Folge war Miljak unter den besten vier Torschützen der Liga zu finden. Neben seiner persönlichen Bilanz von 825 Treffern in 127 Bundesligaspielen konnte sich Miljak, der über einen unglaublich schnellen Wurf verfügte, noch über den Sieg im deutschen Pokalwettbewerb 1981 freuen. Der größte Erfolg des technisch weniger versierten Shooters war der Gewinn der Goldmedaille bei den Olympischen Spielen 1972 in München. Bei der WM 1974 gewann er Bronze, vier Jahre später belegte er mit Jugoslawien den fünften Platz.

Land: Jugoslawien
Geburtsdatum: 11.09.1950
Position: RR

Länderspiele: k. A.
WM-Teilnahmen: 1974, 1978

Stationen: Medvescak Zagreb, TuS Nettelstedt, Vf Günzburg

MOS

Hans Ioan Moser

Seine Leistungen honorierte das World-Handball-Magazin – das offizielle Organ der Internationalen Handballföderation – im Jahr 2000 mit der Berufung in die Jahrhundert-Sieben, einer von zehn namhaften Nationaltrainern gewählten Weltauswahl. Diese Auszeichnung, wie auch die Wahl zum Welthandballer des Jahres 1964, verdankt Hans Moser vor allem seinen Erfolgen mit der Nationalmannschaft. 1961 und 1964 gewann er mit der Auswahl Rumäniens die Weltmeisterschaft und holte 1967 bei seiner vierten WM in Schweden die Bronzemedaille. Moser, der den Fallwurf perfekt beherrschte, wurde zudem elfmal Rumänischer Meister. Nach seiner aktiven Karriere schlug er die Trainerlaufbahn ein und betreute unter anderem den TV Milbertshofen.

Land: Rumänien
Geburtsdatum: 24.01.1937
Position: RM, RL

Länderspiele: 224
WM-Teilnahmen: 1958, 1961, 1964, 1967

Stationen: Temeswar, Dinamo Bukarest, TV Milbertshofen

Laszlo Nagy

Bereits im Alter von 19 Jahren wechselte Laszlo Nagy aus seiner Heimat von Pick Szeged zum FC Barcelona. Dort schaffte der Jugend-Europameister von 1999 und Bronzemedaillen-Gewinner der Junioren-Europameisterschaften 1997 und 1998 den Sprung in die erste Mannschaft. Der 2,08 Meter große und 110 Kilogramm schwere Linkshänder im rechten Rückraum sorgte mit seinen Toren für zahlreiche Erfolge seines Vereins. Sein bisher größter Triumph war der Gewinn der Champions League 2005. 2003 siegte er mit Barcelona im EHF-Pokal, 2004 im Supercup. Allein viermal wurde Nagy mit den Katalanen Spanischer Meister, zweimal gewann er den spanischen Supercup sowie weitere nationale Titel. Mit der Nationalmannschaft Ungarns nahm Laszlo Nagy bisher an den Weltmeisterschaften 1999 und 2003 teil.

Land: Ungarn
Geburtsdatum: 03.03.1981
Position: RR

Länderspiele: 91
WM-Teilnahmen: 1999, 2003

Stationen: Pick Szeged, FC Barcelona

Daniel Narcisse

Als Sprungwunder und Bewegungstalent gilt Daniel Narcisse nicht erst seit seinem Wechsel in die Bundesliga. Als der junge Franzose 2004 zum VfL Gummersbach kam, war er bereits mit 21 Jahren 2001 Weltmeister geworden. Mit Frankreich gewann er das Finale im eigenen Land gegen Schweden mit 28:25 nach Verlängerung. Der Rechtshänder auf der Königsposition im linken Rückraum gewann zudem mit der französischen Auswahl bei der Europameisterschaft 2006 in der Schweiz den Titel; dazu kommen zwei Bronzemedaillen bei den Weltmeisterschaften 2003 und 2005. Bei den Olympischen Spielen 2004 in Athen belegte er mit Frankreich den fünften Platz. Im Verein wurde Daniel Narcisse 2001 mit Chambery Savoie Französischer Meister.

Land: Frankreich
Geburtsdatum: 16.12.1979
Position: RL

Länderspiele: 133
WM-Teilnahmen: 2001, 2003, 2005

Stationen: Joinville, Chambery Savoie, VfL Gummersbach

Lexikon der HANDBALLER

KOMET

Vitaly Nat (links)

Bei der bisher einzigen Teilnahme seines Landes an einer Weltmeisterschaft war Vitaly Nat eine der besten Spieler seiner Mannschaft. Mit Platz sieben bei den Welttitelkämpfen 2001 in Frankreich repräsentierte die Auswahl ihr Land hervorragend. Viermal nahm er zudem mit der Ukraine zwischen 2000 und 2006 an Europameisterschaften teil, schaffte aber nie den Sprung unter die besten zehn Mannschaften. Dennoch gehört der 1,82 Meter große und 83 Kilogramm schwere Rechtshänder zu den auffälligsten Spielern im Team. Trickreich und elegant geht der Linksaußen für ZTR Saporoschje auf Torejagd. In der Saison 2002/2003 gab Vitaly Nat ein kurzes Gastspiel bei RK Zagreb und kehrte danach zu seinem Heimatverein zurück.

Land: Ukraine
Geburtsdatum: 12.04.1977
Position: LA

Länderspiele: 63
WM-Teilnahmen: 2001

Stationen: ZTR Saporoschje, RK Zagreb

NEI

Rüdiger Neitzel

Seinen größten Erfolg mit der Nationalmannschaft feierte Rüdiger Neitzel 1984. Bei den Olympischen Spielen in Los Angeles gewann er mit dem deutschen Team die Silbermedaille. Ansonsten hatte der gebürtige Solinger weniger Glück mit der DHB-Auswahl. Nach einem Beinbruch 1986 verpasste er bei der B-Weltmeisterschaft 1987 die anvisierte Olympia-Qualifikation. Zwei Jahre später folgte dann der absolute Tiefpunkt seiner Karriere. Neitzel stieg mit Deutschland bei der B-WM in die Drittklassigkeit ab. Danach beendete der Mediziner – das Studium absolvierte er während seiner aktiven Zeit als Bundesligaspieler – seine Karriere in der Nationalmannschaft. Der 1,99 Meter große Rückraumspieler wechselte 1983 zum VfL Gummersbach, wo er die schwere Nachfolge des nach Barcelona abgewanderten Erhard Wunderlich antrat. Dennoch trug er in der Saison 1984/1985 mit 161 Treffern maßgeblich zum Gewinn des Doubles (Meisterschaft und Pokal) bei. Der technisch starke und dynamische Neitzel erzielte in 263 Bundesligaspielen 1114 Tore. 1988 gewann er mit dem VfL Gummersbach erneut die Meisterschaft, bevor er 1989 nach Milbertshofen wechselte. Mit dem TSV errang Rüdiger Neitzel 1990 noch einmal den DHB-Pokal.

Land: Deutschland
Geburtsdatum: 22.01.1963
Position: RL
Länderspiele: 124
WM-Teilnahmen: –
Stationen: BSV Solingen, Bayer Leverkusen, VfL Gummersbach, TSV Milbertshofen

Rainer Niemeyer

Seinen größten Erfolg feierte Rainer Niemeyer bei der Weltmeisterschaft 1978 in Dänemark. Mit der Nationalmannschaft um Joachim Deckarm, Heiner Brand und Horst Spengler gewann er sensationell den WM-Titel. Im Finale in Kopenhagen – beim 20:19-Erfolg gegen das favorisierte Team aus der Sowjetunion – war er der zweite Torwart hinter Manfred Hofmann. Insgesamt absolvierte er zwei WM-Spiele und erzielte in seinen über 50 Länderspielen sogar einen Treffer. Rainer Niemeyer war lange Zeit GW Dankersen und dem daraus hervorgegangenen GWD Minden treu und gewann mit dem Verein 1979 den DHB-Pokal. Insgesamt spielte er 232 Mal in der Bundesliga und hielt dabei 151 Siebenmeter (Platz 18 der ewigen Bestenliste). Später arbeitete er als Trainer, unter anderem bei seinem Heimatverein GWD Minden.

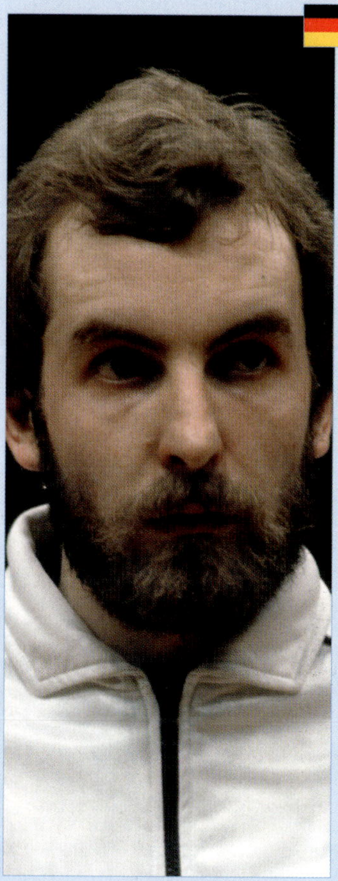

Land: Deutschland
Geburtsdatum: 11.05.1955
Position: TW

Länderspiele: 56
WM-Teilnahmen: 1978

Stationen: GWD Minden, OSC Dortmund, TBV Lemgo

OCH

Hendrik Ochel

Schlagzeilen machte Hendrik Ochel im Sommer 1993, als er gemeinsam mit Nationalmannschaftskollege Sven Lakenmacher nach einem Länderspiel in Bielefeld den Zapfenstreich weit überzog und von Bundestrainer Arno Ehret erwischt und aus dem Kader gestrichen wurde. In seiner Zeit beim TSV Milbertshofen wurde er 1992 mit 187 Treffern Torschützenkönig der Südgruppe der Bundesliga. Seine bedeutendsten Erfolge feierte der Rückraumspieler in Kiel: Mit dem THW wurde er 1990 DHB-Pokalsieger, 1991 Europapokalsieger der Pokalsieger und 1995 schließlich Deutscher Meister. Zweimal wurde der Linkshänder mit den Norddeutschen zudem Vizemeister. 1996 beendete Hendrik Ochel, der in der Bundesliga insgesamt über 1000 Treffer erzielte, seine Karriere.

Land: Deutschland
Geburtsdatum: 26.02.1969
Position: RR

Länderspiele: 44
WM-Teilnahmen: –

Stationen: TSV Milbertshofen, MTSV Schwabing, SG VfL/BHW Hameln, THW Kiel

Mats Olsson

Bereits 1978 gab Mats Olsson sein Debüt in der Nationalmannschaft. 1979 belegte der Torhüter mit der Auswahl Schwedens den dritten Platz bei der Junioren-WM. In der A-Nationalmannschaft stand er lange im Schatten von Claes Hellgren. Erst bei der WM 1986 stieg er zum Stammtorhüter auf. Den Blondschopf zeichneten eine ruhige Ausstrahlung und sehr gute Reflexe aus. Aus dem Rückraum war er nur schwer zu bezwingen. Der wegen seiner Bescheidenheit sehr beliebte Olsson wurde 1987 zu Schwedens Handballer des Jahres gewählt. Bei dem Gewinn der Weltmeisterschaft 1990 und der Europameisterschaft 1994 war er der große Rückhalt der schwedischen Auswahl. Ebenso überzeugte Olsson bei den Olympischen Spielen 1992 und 1996, als er mit Schweden jeweils die Silbermedaille gewann.

Land: Schweden
Geburtsdatum: 21.01.1960
Position: TW
Länderspiele: 294
WM-Teilnahmen: 1982, 1986, 1990, 1993, 1995, 1997
Stationen: Dalhems IF, Lugi Lund, Teka Santander

OLS

Staffan Olsson

Nicht nur wegen seiner langen Haare war Staffan Olsson einer der auffälligsten Spieler der 1990er Jahre. Der Schwede brachte auf der halbrechten Position im Rückraum die Torhüter mit seinen Würfen zur Verzweiflung und glänzte zudem als überragender Anspieler. Olsson war mit der schwedischen Nationalmannschaft bei neun Welt- und Europameisterschaften sowie drei Olympischen Spielen immer unter den ersten drei zu finden. Zwei WM-Titel (einmal Silber, zweimal Bronze) und insgesamt vier EM-Titel sowie drei olympische Silbermedaillen sind die beeindruckende Ausbeute. Zweimal wurde er ins WM-All-Star-Team berufen. Erstmals in Deutschland spielte Olsson 1989 beim damaligen Süd-Zweitligisten TV Hüttenberg, der sich überraschend die Dienste des Nationalspielers sichern konnte. 1991 wechselte er zurück zu seinem Heimatverein HK Cliff Stockholm, um sich auf die Olympischen Spiele 1992 vorzubereiten. In Barcelona spielten die Schweden mit Olsson groß auf. Doch ausgerechnet im Endspiel gegen die GUS zeigten die Skandinavier ihr schlechtestes Turnierspiel und mussten sich mit Silber begnügen. Olsson wechselte anschließend in die Bundesliga zum TV Niederwürzbach. In seiner ersten Saison 1992/1993 gewann er die Vizemeisterschaft. Die großen Erfolge auf Vereinsebene errang er ab 1996 beim THW Kiel. Mehrere deutsche Meisterschaften, Erfolge im DHB-Pokal und im Europapokal feierte er mit dem THW. Der Champions-League-Titel wurde im Jahr 2000 im Finale gegen den FC Barcelona jedoch knapp verpasst. Bei seiner letzten Olympia-Teilnahme 2000 in Sydney reichte es erneut nur zu Silber. Staffan Olsson trat 2004 aus der Nationalmannschaft zurück und beendete ein Jahr später seine Karriere.

Land: Schweden
Geburtsdatum: 26.03.1964
Position: RR, RM

Länderspiele: 358
WM-Teilnahmen: 1990, 1993, 1995, 1997, 1999

Stationen: HK Cliff Stockholm, TV Niederwürzbach, THW Kiel, Hammarby IF

Thierry Omeyer

Von Weltmeisterschaften kehrte Thierry Omeyer bisher immer mit einer Medaille zurück. 2001 wurde der Torhüter mit Frankreich im eigenen Land Weltmeister, 2003 und 2005 belegte er jeweils den dritten Platz. Sein bestes Turnier aber spielte der 1,92 Meter große und 93 Kilogramm schwere Spieler bei der Europameisterschaft 2006 in der Schweiz. Mit der französischen Auswahl schlug er den amtierenden Weltmeister Spanien im Finale überraschend deutlich mit 31:23 und wurde zum besten Torhüter des Turniers gewählt. Mit Montpellier HB gewann er 2003, im Finale gegen Portland San Antonio, die Champions League und wurde jeweils viermal nationaler Meister und Pokalsieger. Im Sommer 2006 wechselte Omeyer in die Bundesliga zum THW Kiel.

Land: Frankreich
Geburtsdatum: 02.11.1976
Position: TW

Länderspiele: 152
WM-Teilnahmen: 2001, 2003, 2005

Stationen: SC Cernay , SC Selestat , Montpellier HB, THW Kiel

Mariano Ortega

Als Rückraumspieler war Mariano Ortega am überraschenden Erfolg der Spanier bei der Weltmeisterschaft 2005 in Tunesien beteiligt. Im Finale deklassierten die Iberer den amtierenden Titelträger Kroatien förmlich mit 40:34 und sicherten sich so zum ersten Mal den begehrten WM-Titel. Der 1,90 Meter große und 84 Kilogramm schwere Ortega gewann mit der spanischen Auswahl zudem bei den Europameisterschaften 1998 in Italien und 2006 in der Schweiz jeweils die Silbermedaille. Den dritten Platz belegte der Linkshänder bei der Europameisterschaft 2000 in Kroatien und wurde Vierter bei der Weltmeisterschaft 2003 in Portugal. Mit Ciudad Real gewann Mariano Ortega 2002 und 2003 den Europapokal der Pokalsieger.

Land: Spanien
Geburtsdatum: 15.04.1971
Position: RR

Länderspiele: 116
WM-Teilnahmen: 2003, 2005

Stationen: Teka Santander, CB Ciudad Real, BM Valladolid, Caj BM Aragon

PAN

Marek Panas

Seinen größten Erfolg mit der Nationalmannschaft feierte der Weltklassespieler 1982. Bei der Weltmeisterschaft in Deutschland gewann der schnauzbärtige Spielmacher mit der Auswahl Polens die Bronzemedaille. Im Anschluss durfte Panas, gemeinsam mit seinem Landsmann Jerzey Klempel, in den Westen und wechselte zum THW Kiel. Erlernt hatte er das Handballspiel erst im Alter von 16 Jahren. Mit 20 Jahren ging er zum polnischen Spitzenklub Wybrzeze Gdansk, mit dem er in zwölf Jahren jedoch nie die Meisterschaft erringen konnte. Panas entwickelte sich zu einem der besten Handballer Polens. Doch auch mit dem THW Kiel sollte er keinen Meistertitel gewinnen können. Das angestrebte Ziel verpasste er 1983 und 1985 knapp, als er mit dem THW jeweils den zweiten Platz in der Liga belegte. 1986 übernahm Panas, der in Danzig ein Sportstudium abgeschlossen hatte, die Mannschaft als Trainer. Doch da sein designierter Nachfolger auf der Spielmacherposition, Daniel Waszkiewicz, noch keine Freigabe erhielt, fungierte Panas ein Jahr als Spielertrainer. 1987 beendete der Rechtshänder nach insgesamt 134 Spielen und 420 Toren seine aktive Laufbahn endgültig. Als Trainer führte er den THW von 1997 bis 1999 dreimal unter die ersten vier Plätze in der Bundesliga.

Land: Polen
Geburtsdatum: 07.11.1951
Position: RM

Länderspiele: 126
WM-Teilnahmen: 1982, 1986

Stationen: Wybrzeze Danzig, THW Kiel

Cornel Penu

In den 1970er Jahren war Cornel Penu der große Rückhalt der rumänischen Nationalmannschaft. Der Torhüter war bei zwei Weltmeisterschaften entscheidend daran beteiligt, dass seine Mannschaft den Titel erringen konnte. 1970 in Frankreich schlug sein Team die DDR mit 13:12 nach Verlängerung. Vier Jahre später war beim 14:12 wieder die DDR der unterlegene Gegner im Finale. Auch bei Olympischen Spielen hielt Penu für die rumänische Auswahl zwei Medaillen fest. 1972 in München gewann er mit Rumänien Bronze und 1976 in Montreal die Silbermedaille. Im Finale unterlag er mit seinem Team der Sowjetunion mit 15:19. Im Jahr 2000 wurde Cornel Penu von einer Jury aus Nationaltrainern in eine Jahrhundertsieben gewählt.

Land: Rumänien
Geburtsdatum: 16.06.1946
Position: TW

Länderspiele: k.A.
WM-Teilnahmen: 1967, 1970, 1974, 1978

Stationen: Dinamo Bukarest

Nenad Perunicic

Als einer von wenigen Spielern hat Nenad Perunicic bereits zweimal mit jeweils unterschiedlichen Vereinen die Champions League gewonnen: 1995 mit dem spanischen Club Elgorriaga Bidasoa Irun und 2002 mit dem SC Magdeburg. Mit dem THW Kiel stand er zudem 2000 im Finale. Der in Montenegro geborene Rückraumspieler ist ein vielseitiger Akteur, mit seinen Toren kann er Spiele entscheiden und in der Abwehr ist er nur schwer zu überwinden. Seine Torgefährlichkeit stellte er in 180 Bundesligaspielen unter Beweis: Zwischen 1997 und 2003 erzielte er 979 Tore – im Schnitt 5,4 Treffer pro Partie. Über Paris St. Germain kam Perunicic, der im Alter von zwölf Jahren mit dem Handballspiel begann, 1994 zum spanischen Spitzenklub Elgorriaga Bidasoa Irun. Dort gewann er 1995 die nationale Meisterschaft und die Champions League, im Jahr darauf den spanischen Pokal und 1997 den Europapokal der Pokalsieger. 1995 wählten ihn Experten zum besten Ausländer der spanischen Liga. Nach dem Rückzug des Hauptsponsors wechselte Perunicic 1997 zum THW Kiel. In den folgenden drei Spielzeiten gewann er mit dem THW jeweils das Double aus Meisterschaft und Pokal sowie 1998 den EHF-Pokal. Mit der Nationalmannschaft hatte er indes weniger Erfolg. Platz vier bei der EM 1996 und Bronze bei der WM 1999 stehen als beste Platzierungen zu Buche. Nach den Olympischen Spielen 2000 in Sydney gab Perunicic aus Frust über seine Jokerrolle im Alter von 29 Jahren seinen Rücktritt aus der Nationalmannschaft bekannt. 2002 erhielt er die deutsche Staatsbürgerschaft, spielte aber, nachdem er von Bundestrainer Heiner Brand nicht berücksichtigt wurde, bei der Weltmeisterschaft 2003 wieder für Serbien und Montenegro und erreichte den achten Platz.

Land: Serbien & Montenegro
Geburtsdatum: 01.05.1971
Position: RL

Länderspiele: 147
WM-Teilnahmen: 1997, 1999, 2003

Stationen: Elgorriaga Bidasoa Irun, THW Kiel, SC Magdeburg, FC Barcelona

PET

Klaus-Dieter Petersen

Klaus-Dieter Petersen ist einer der erfolgreichsten deutschen Handballer aller Zeiten. Dabei wurde der Kreisläufer oft nur in der Abwehr eingesetzt. Doch seine Deckungsqualitäten brachten sowohl im Verein als auch in der Nationalmannschaft die Gegner zur Verzweiflung und ihm zahlreiche Titel. Petersen, der stets bescheiden geblieben ist, war bei 14 internationalen Turnieren wie Europa- und Weltmeisterschaften sowie Olympischen Spielen im Einsatz. Mit der DHB-Auswahl wurde er 2004 in Slowenien Europameister. Jeweils den zweiten Platz belegte er bei der Europameisterschaft 2002 in Schweden und der Weltmeisterschaft 2003 in Portugal. Bei den olympischen Spielen 2004 in Athen gewann er die Silbermedaille. Im Anschluss trat der 1,98 Meter große Vorzeigeprofi nach 340 Spielen aus der Nationalmannschaft zurück. Mit seinen Vereinen gewann Petersen neunmal die deutsche Meisterschaft – allein achtmal mit dem THW Kiel, für den „Pitti" zwölf Jahre lang spielte. Außerdem holte er dreimal den DHB-Pokal, dreimal den EHF-Cup und zweimal den Supercup. Nur der Gewinn der Champions League blieb ihm verwehrt – im Jahr 2000 unterlag er mit dem THW im Finale dem FC Barcelona. Nach der Saison 2004/2005 beendete Petersen seine Karriere standesgemäß mit seiner neunten deutschen Meisterschaft. Der technische Betriebswirt sowie ausgebildete Trainer für Sportrehabilitation wurde zudem 1990 Militär-Weltmeister. Seit dem Ende seiner aktiven Zeit, in der er 466 Spiele bestritt, arbeitet Klaus-Dieter Petersen, der auch die Trainer-A-Lizenz erworben hat, als hauptamtlicher Jugendtrainer beim Deutschen Handball-Bund sowie als Co-Trainer von Zvonimir Serdarusic beim THW Kiel.

Land: Deutschland
Geburtsdatum: 06.11.1968
Position: KM

Länderspiele: 340
WM-Teilnahmen: 1993, 1995, 1999, 2003

Stationen: GW Dankersen/ Minden, VfL Gummersbach, THW Kiel

PET

Vigindas (Vigantas) Petkevicius

Erst im Alter von 13 Jahren kam Vigindas Petkevicius zum Handball. Schnell zeigte sich sein großes Talent und er wurde in die Junioren-Auswahl der UdSSR berufen. Der glänzende Spielmacher bestritt 16 A-Länderspiele für Litauen und gewann mit Granitas Kaunas zweimal die litauische Meisterschaft. Bei einer Länderspielreise setzte er sich in Berlin von seiner Delegation ab und heuerte beim SC Magdeburg an. Nach Ablauf der einjährigen Sperre wegen des „illegalen" Wechsels kam er als zweiter Ausländer im Team jedoch nicht zum Zug, da die Regularien zu diesem Zeitpunkt lediglich den Einsatz eines ausländischen Spielers erlaubten. Der SCM lieh Petkevicius in die Zweite Liga zum FSV Magdeburg aus. Doch auch nachdem er im September 1993 den deutschen Pass erhalten hatte, wurde er beim SC Magdeburg zunächst nicht eingesetzt. Erst unter dem neuen Trainer Lothar Döring bekam Petkevicius eine Chance und nutzte sie. Im November 1994 spielte er gegen Kroatien erstmals für Deutschland. Ein Jahr später erreichte Vigindas Petkevicius mit der deutschen Nationalmannschaft Platz vier bei der Weltmeisterschaft in Island und belegte bei der Europameisterschaft 1996 in Spanien den achten Platz.

Land: Litauen, Deutschland
Geburtsdatum: 30.11.1970
Position: RM
Länderspiele: 63
WM-Teilnahmen: 1995
Stationen: Granitas Kaunas, FSV Magdeburg, SC Magdeburg, Solingen-Höhscheid, HSG Düsseldorf

Sebastian Preis

In der Nationalmannschaft gehört Sebastian Preis auf der Kreisläuferposition zu den Nachfolgern von Christian Schwarzer und Klaus-Dieter Petersen, die nach den Olympischen Spielen 2004 zurücktraten. Sein Debüt in der DHB-Auswahl feierte er im Januar 2002. Mit Deutschland belegte er bei der WM 2005 in Tunesien den neunten Platz und erreichte ein Jahr später bei der EM in der Schweiz Platz fünf. Im Verein gewann er zweimal die deutsche Meisterschaft und dreimal den EHF-Pokal. Als ehemaliger Zehnkämpfer verfügt der 1,95 Meter große und 98 Kilogramm schwere Kreisläufer über optimale Voraussetzungen für diese Position. Dabei spielte er zu Beginn seiner Laufbahn auf Linksaußen und wurde erst in Erlangen zum Kreisläufer umfunktioniert.

Land: Deutschland
Geburtsdatum: 08.02.1981
Position: KM

Länderspiele: 48
WM-Teilnahmen: 2005

Stationen: TSV Zirndorf, HG Erlangen, THW Kiel, TBV Lemgo

Roman Pungartnik

Die Stärke von Roman Pungartnik ist seine Variabilität. Der Slowene kann sowohl im rechten Rückraum als auch auf der Rechtsaußenposition agieren. Das demonstriert der 1,91 Meter große und 91 Kilogramm schwere Athlet nicht nur in der Nationalmannschaft, für die er im Schnitt fast vier Treffer erzielt, sondern auch im Verein. Nachdem er mit Celje Pivovarna Lasko mehrmals Slowenischer Meister geworden war, wechselte er nach Kiel in die Bundesliga. Mit dem THW gewann der Linkshänder 2004 den EHF-Pokal und 2005 die deutsche Meisterschaft. Nach seinem Wechsel zum HSV Hamburg, errang er 2006 den DHB-Pokal. Bei der Europameisterschaft 2004 im eigenen Land, wurde Roman Pungartnik mit der Nationalmannschaft Sloweniens erst im Endspiel von der deutschen Auswahl bezwungen.

Land: Slowenien
Geburtsdatum: 16.05.1971
Position: RR, RA

Länderspiele: 167
WM-Teilnahmen: 1995

Stationen: Celje Pivovarna Lsako, Wilhelmshavener HV, THW Kiel, HSV Hamburg

Peter Quarti

In den Reihen des Handball-Bundesligisten TuSEM Essen war Peter Quarti mit einer Länge von 1,76 Meter der Kleinste. Doch der quirlige Rechtsaußen war einer der Größten, was die Leistung anging und bezüglich der Wurfausbeute einer der Erfolgreichsten seines Teams. Auch in der Nationalmannschaft zählte er auf seiner Position zur ersten Wahl, auch wenn er nie an einer Weltmeisterschaft teilnahm. Die Spezialität Quartis waren Trickwürfe. Auch in der Abwehr stets im Einsatz, war er zudem bei Tempogegenstößen äußerst gefährlich. Mit TuSEM Essen wurde Peter Quarti in einem Team mit Jochen Fraatz, Stefan Hecker und Thomas Happe zweimal Deutscher Meister und gewann den DHB-Pokal sowie den Europapokal der Pokalsieger.

Land: Deutschland
Geburtsdatum: 12.08.1967
Position: RA

Länderspiele: 77
WM-Teilnahmen: –

Stationen: TuS Schutterwald, TUSEM Essen

RAD

Zdravko Radjenovic

Als der MTSV Schwabing 1982 in die Bundesliga aufstieg, verstärkte sich der Verein mit dem Jugoslawen Zdravko Radjenovic. Der Rückraumspieler hatte gerade mit der Nationalmannschaft bei der Weltmeisterschaft in Deutschland die Silbermedaille gewonnen. Zuvor hatte Radjenovic, der wegen seiner blonden Haare „Beli" (weiß) gerufen wurde, bereits Bronze bei der WM 1974 erlangt. Der Höhepunkt seiner Karriere folgte 1984. Bei den Olympischen Spielen in Los Angeles gewann er im Finale gegen Deutschland die Goldmedaille. Mit dem MTSV spielte der Mittelmann, der die an den Kreis durchgesteckten Anspiele perfekt beherrschte, vier Jahre um die Meisterschaft mit. 1986 wurde er DHB-Pokalsieger und belegte in der Liga den zweiten Platz.

Land: Jugoslawien
Geburtsdatum: 05.09.1952
osition: RM
Länderspiele: ca. 100
WM-Teilnahmen: 1974, 1978, 1982
Stationen: Borac Banja Luka, MTSV Schwabing

Christian Ramota (rechts)

Erst mit 15 Jahren zum Handball gekommen, vollzog sich die sportliche Entwicklung Christian Ramotas in rasantem Tempo. Bereits ein Jahr später spielte der Torwart als B-Jugendlicher bei den A-Junioren, im Jahr darauf als A-Jugendlicher im Oberligateam des PSV Allianz Köln. Nach seinem Wechsel zum VfL Gummersbach, rückte er schnell zur Nummer eins auf und wurde bereits als Nachfolger des legendären Andreas Thiel gehandelt. 1993 feierte er sein Debüt in der Nationalmannschaft und etablierte sich als Nummer drei hinter Thiel und Jan Holpert. Nach einem längeren Leistungstief und dem Wechsel zum TV Großwallstadt, mit dem er 2000 den City-Cup gewann, steigerte sich „Eros" und kehrte 1999 in das Nationalteam zurück. Als zweiter Torhüter hinter Henning Fritz war er in der Folge an den großen Erfolgen der deutschen Auswahlmannschaft bei großen internationalen Turnieren beteiligt: So wurde Ramota mit der Nationalmannschaft jeweils Zweiter bei der EM 2002, der WM 2003 und den Olympischen Spielen 2004. Den größten Triumpf feierte er 2004 mit dem EM-Titel in Slowenien. Der gefürchtete „Siebenmeter-Killer" wurde mit dem TBV Lemgo 2002 Deutscher Pokalsieger und gewann im folgenden Jahr die deutsche Meisterschaft. 2005 kehrte der „kölsche Jung" zum VfL Gummersbach zurück.

Land: Deutschland
Geburtsdatum: 14.04.1973
Position: TW

Länderspiele: 143
WM-Teilnahmen: 1999, 2001, 2003

Stationen: B. Dormagen, PSV Köln, TV Großwallstadt, TBV Lemgo, VfL Gummersbach

RAS

Erik Veje Rasmussen

Erik Veje Rasmussen galt als Weltenbummler des Handballs. Als Aktiver spielte er neben seinem Heimatverein Dragsholm bei acht verschiedenen Vereinen. Mit 19 Jahren kam er zu Helsingör IF und spielte dort drei Jahre in der ersten dänischen Liga. 1981 wechselte er in die Bundesliga zum TuS Nettelstedt, spielte in der Folge bei Vereinen in Dänemark und Spanien und kam 1984 zum VfL Gummersbach. Dort gewann er 1985 seine erste deutsche Meisterschaft. Im entscheidenden Spiel gegen Düsseldorf erzielte er 9 der 17 Gummersbacher Tore. Insgesamt belegte er in dieser Saison mit 145 Treffern Rang zehn in der Torschützenliste. Der ehrgeizige Rasmussen, der in 13 Jahren als Nationalspieler 1982 mit dem vierten Platz eine Medaille nur knapp verpasste, verließ den Verein 1986 Richtung Dänemark, wo er seinen Heimatverein in die zweite dänische Liga führte. 1989 wechselte er zu TuSEM Essen und gewann die deutsche Meisterschaft sowie den Europapokal der Pokalsieger. Über Dänemark und die Schweiz ging Rasmussen, der in 103 Bundesligaspielen 520 Treffer erzielte, 1998 als Trainer zur SG Flensburg-Handewitt. Mit dem Verein gewann er 1999 den City-Cup und wurde ebenso wie 2000 Vizemeister sowie 2003 Deutscher Pokalsieger.

Land: Dänemark
Geburtsdatum: 09.04.1959
Position: RM, RL

Länderspiele: 233
WM-Teilnahmen: 1982, 1986, 1993

Stationen: Helsingör IF, TuS Nettelstedt, VfL Gummersbach, TuSEM Essen

Andreas Rastner

Obwohl Andreas Rastner nie ein Länderspiel für Deutschland bestritt, galt er in den 1990er Jahren als Kreisläufer von internationalem Format. Das beweist auch seine Wahl zum zweitbesten Ausländer in der spanischen Liga 1997. Während seiner Zeit bei Caja Cantabria Santander sollte er sogar spanischer Staatsbürger werden, um in der spanischen Nationalmannschaft spielen zu können. Doch der „Wandervogel“ wechselte nach dem Gewinn des Europapokals der Pokalsieger 1998 in die Bundesliga zum THW Kiel, wo er 1999 den deutschen Meistertitel feierte und DHB-Pokalsieger wurde. 2006 wiederholte Andreas Rastner den Pokalerfolg mit dem HSV Hamburg und beendete seiner Karriere nach 428 Spielen und 1226 Toren in der Bundesliga.

Land: Deutschland
Geburtsdatum: 10.11.1968
Position: KM
Länderspiele: 0
WM-Teilnahmen: –
Stationen: Caja Cantabria Santander, THW Kiel, SG Wallau-Massenheim, HSV Hamburg

RAT

Richard Ratka

Als Ausnahmetalent gepriesen, konnte Richard Ratka die in ihn gesteckten Erwartungen nicht vollständig erfüllen. Der eigenwillige Dortmunder betrachtete selbst zu Bundesligazeiten Handball als Hobby und nach seinen ersten beiden Länderspielen 1986 stellte er sich nicht mehr für die Auswahlmannschaft zur Verfügung, um mehr Zeit für sein Studium zu haben. Erst drei Jahre später kehrte er unter Horst Bredemeier, in Düsseldorf auch sein Vereinstrainer, in das Nationalteam zurück. Nach dem blamablen Abschneiden bei der C-WM 1990 etablierte sich Ratka als feste Größe und erlebte bei den Olympischen Spielen 1992 in Barcelona den Höhepunkt seiner Nationalmannschaftskarriere, auch wenn die Mannschaft nur auf den zehnten Platz kam. Ratka begann seine Karriere in der Bundesliga bei TuRa Bergkamen unter Trainer Vlado Stenzel. Nach dem Abstieg wechselte er 1986 zum Erstligisten TuRu Düsseldorf. 1988 wurde er mit dem Verein Vizemeister, ein Jahr später gewann Düsseldorf gegen den ASK Vorwärts Frankfurt/Oder überraschend den IHF-Pokal. Ratka blieb den Düsseldorfern auch nach dem Abstieg aus der Bundesliga treu, musste seine Spielerkarriere 1994 aufgrund eines Knieschadens beenden und schlug die Trainerlaufbahn ein.

Land: Deutschland
Geburtsdatum: 26.11.1963
Position: RR

Länderspiele: 71
WM-Teilnahmen: –

Stationen: SG Massen, TuRa Bergkamen, TuRu Düsseldorf

Albert Rocas

Mit 45 Treffern bei der Europameisterschaft 2006 in der Schweiz war Albert Rocas der erfolgreichste Schütze der Auswahl Spaniens. Doch auch seine vier Tore im Finale gegen Frankreich konnten die 23:31-Niederlage nicht verhindern. Ein Jahr zuvor war der Rechtshänder bei der WM in Tunesien einer der Jüngsten in der spanischen Mannschaft, die durch ein überraschend deutliches 40:34 im Finale gegen den Titelverteidiger Kroatien die Weltmeisterschaft gewann. Trotz seiner fehlenden Erfahrung gehört der Rückraumspieler bereits zum festen Stamm des Teams. Mit Portland San Antonio gewann Albert Rocas 2004 den Europapokal der Pokalsieger und stand 2006 im rein spanischen Finale der Champions League, das er gegen Ciudad Real verlor.

Land: Spanien
Geburtsdatum: 16.06.1982
Position: RA

Länderspiele: 39
WM-Teilnahmen: 2005

Stationen: BM Valladolid, Portland San Antonio

RIC

Jackson Richardson

Als Künstler auf dem Handballfeld machte sich der auf La Réunion geborene Jackson Richardson weltweit einen Namen. Der geschmeidige Instinkthandballer versprühte Leichtigkeit und Spielfreude pur. Dabei war der Abwehrspezialist, der auf der vorgezogenen Position in der Deckung das Spiel mit seiner Schnelligkeit und Antizipationsfähigkeit beherrschte, extrem effektiv. Zwischen 1990 und 2005 nahm Richardson an acht Weltmeisterschaften, vier Olympischen Spielen und fünf Europameisterschaften teil. Er gewann zweimal den WM-Titel (1995, 2001), holte zudem WM-Silber (1993) und dreimal WM-Bronze (1997, 2003, 2005). Bei den Olympischen Spielen 1992 in Barcelona errang er die Bronzemedaille. 1995 wurde Richardson zum Welthandballer des Jahres gekürt. Das begnadete Bewegungstalent war 1988 nach Frankreich zum Erstligaklub PSG Asnières gekommen. 1991 wechselte er zu OM Vitrolles nach Marseille und wurde auf Anhieb Französischer Pokalsieger. 1993 folgte der Sieg im Europapokal der Pokalsieger, 1994 die französische Meisterschaft und 1995 erneut der Pokal. 1996 sicherte sich der TV Großwallstadt für vier Jahre die Dienste des Mittelmanns. Beim TVG avancierte der Spieler mit den Rastalocken zum Publikumsliebling. Nach dem Gewinn des City-Cups 2000 wechselte er zu Portland San Antonio. Mit den Spaniern feierte er weitere Erfolge: Europäischer Supercup 2000, Champions League 2001, spanischer Pokal 2001, spanische Meisterschaft 2002 und 2004, Europapokal der Pokalsieger 2004. Frankreichs Handballer des Jahrhunderts beendete nach 417 Länderspielen, in denen er 787 Tore erzielte, seine Auswahlkarriere 2005 mit WM-Bronze.

Land: Frankreich
Geburtsdatum: 14.06.1969
Position: RM

Länderspiele: 417
WM-Teilnahmen: 1990, '93, '95, '97, '99, 2001, 2003, '05

Stationen: PSG Asnières, OM Vitrolles, TV Großwallstadt, Portland San Antonio

ROC

Siegfried Roch

Die außergewöhnliche Qualität von Siegfried Roch spiegelt sich nicht in der Zahl der absolvierten Länderspiele wider. Nach nur 38 Auswahlpartien beendete der Torhüter nach der B-WM 1987 seine internationale Karriere, nachdem er jahrelang mit den Bundestrainern keine gemeinsame Basis fand. Dennoch gehörte er bei den Olympischen Spielen 1984 in Los Angeles zum Kader und gewann mit Deutschland die Silbermedaille. Bei der WM 1986 in der Schweiz belegte er mit der DHB-Auswahl den siebten Platz. Ins Tor kam Roch bei seinem Heimatverein in Wunsiedel nur, weil er der Jüngste in der Mannschaft war. Er durchlief fortan sämtliche Jugendauswahlteams und wechselte zum TSV Milbertshofen. Seine Klasse zeigt sich vor allem durch seine konstanten Leistungen im Trikot des TV Großwallstadt, für den er von 1982 bis 1997 spielte. 1984 gewann Roch mit dem TVG den IHF-Pokal der Pokalsieger, 1984 und 1990 wurde er Deutscher Meister, 1984 und 1989 Pokalsieger. In der Bundesliga absolvierte „Siggi" 471 Spiele; 1991 stellte er im Spiel gegen den SC Cottbus mit sieben gehaltenen Siebenmetern einen Bundesligarekord auf. Nach dem Ende seiner Karriere arbeitete der gelernte Steinmetz und qualifizierte Bausparberater als Manager beim TuS N-Lübbecke und dem TV Großwallstadt.

Land: Deutschland
Geburtsdatum: 26.03.1959
Position: TW
Länderspiele: 38
WM-Teilnahmen: 1986
Stationen: VfL Wunsiedel, TSV Milbertshofen, MTSV Schwabing, TV Großwallstadt

Oliver Roggisch

Dreimal war Oliver Roggisch bereits Strafbankkönig der Bundesliga. Das 2,01 Meter große Kraftpaket agiert in der Deckung immer mit vollem Einsatz, ohne dabei unfair zu sein. Mit dieser Spielweise stabilisierte er in der Nationalmannschaft, nach dem Rücktritt von Klaus-Dieter Petersen und Volker Zerbe, gemeinsam mit Frank von Behren die deutsche Abwehr. So belegte er mit der DHB-Auswahl bei der Weltmeisterschaft 2005 in Tunesien den neunten Platz und erreichte ein Jahr später bei der Europameisterschaft in der Schweiz Platz fünf. Oliver Roggisch, der mit Schutterwald und Göppingen jeweils den Aufstieg in die Bundesliga schaffte, stand mit TuSEM Essen 2003 im DHB-Pokalfinale und gewann 2005 den EHF-Pokal. Danach wechselte er zum SC Magdeburg.

Land: Deutschland
Geburtsdatum: 25.08.1978
Position: KM

Länderspiele: 39
WM-Teilnahmen: 2005

Stationen: SG Schutterwald, FA Göppingen, TUSEM Essen, SC Magdeburg

ROM

Iker Romero

Der Spielmacher des FC Barcelona ist einer der herausragenden Akteure beim amtierenden Weltmeister Spanien. Drei Jahre in Folge, von 1999 bis 2001, wurde er in seiner Heimat zum besten Nachwuchsspieler gewählt; in Europa erhielt er diese Auszeichnung 1999 und 2000. So hatte Romero bereits 40 Länderspiele für die Junioren-Auswahl seines Landes absolviert, ehe er auch bei den Senioren zum Einsatz kam. Der siebte Platz bei der Europameisterschaft 2002 in Schweden war die Ausbeute bei seinem ersten großen Turnier. Bei der WM 2003 erreichte er mit der spanischen Auswahl bereits den vierten Platz. 2005 gelang dann in Tunesien der große Triumph. Durch ein deutliches 40:34 im Finale gegen den Titelverteidiger aus Kroatien gewann Romero mit Spanien die Weltmeisterschaft und war mit 45 Treffern hinter Juan Garcia zweitbester Schütze seiner Mannschaft. Ein Jahr darauf stand er bei der Europameisterschaft in der Schweiz erneut im Finale. Doch bei der 23:31-Niederlage gegen Frankreich war er mit seinem Team ohne Chance. Mit dem FC Barcelona gewann der 1,97 Meter große und 100 Kilogramm schwere Rückraumspieler die Champions League und wurde 2006 Spanischer Meister. Dazu sicherte sich Iker Romero zweimal den Europapokal der Pokalsieger (2002, 2003).

Land: Spanien
Geburtsdatum: 15.06.1980
Position: RL, RM

Länderspiele: 92
WM-Teilnahmen: 2003, 2005

Stationen: Valladolid, Ademar Leon, BM Ciudad Real, FC Barcelona

Bernd Roos

Nach 130 Länderspielen, in denen er 500 Tore erzielte, beendete Bernd Roos im Oktober 2000 seine Karriere in der Nationalmannschaft, die er im November 1989 begonnen hatte. Zum Abschluss belegte er mit der deutschen Auswahl bei den Olympischen Spielen in Sydney Rang fünf. Je zweimal nahm der Linkshänder an Europa- und Weltmeisterschaften sowie Olympischen Spielen teil. In der ewigen Torschützenliste der Bundesliga belegt Roos mit 1839 Treffern in 390 Spielen den siebten Platz. Der bodenständige Unterfranke spielte seit 1988 für den TV Großwallstadt, mit dem er gleich in seinem ersten Jahr den DHB-Pokal gewann. 1990 folgte der Gewinn der deutschen Meisterschaft. Roos, der als Rechtsaußen die Fans mit spektakulären Aktionen begeisterte und mit Würfen aus allen Positionen zur Verzweiflung treiben konnte, wurde nach der EM 1994 aus dem Kader des Nationalteams gestrichen. Eine schwere Knieverletzung zwang ihn zusätzlich zu einer langen Pause. 1997 kehrte er in den Kreis der DHB-Auswahl zurück und war für kurze Zeit Kapitän des Teams. Doch ein Kahnbeinbruch brachte den gelernten Metzger sowie Groß- und Außenhandelskaufmann um die Teilnahme an der EM 1998.

Land: Deutschland
Geburtsdatum: 01.09.1967
Position: RA

Länderspiele: 130
WM-Teilnahmen: 1993, 1999

Stationen: TV Kirchzell, TV Großwallstadt

Christian Rose

Das erste Bundesligaspiel von Christian Rose im Herbst 1999 gegen den TBV Lemgo lief an dem Linkshänder völlig vorbei. Dennoch wusste Rose, dessen Wechsel zur SG Wallau-Massenheim die logische Folge seiner konstant guten Leistungen beim Zweitligisten HG Erlangen war, in den nächsten Spielen zu überzeugen. Bereits ein Jahr später wurde er von Bundestrainer Heiner Brand in die Nationalmannschaft berufen. Hier wurde der variabel einsetzbare Rose als Nachfolger von Volker Zerbe gehandelt. Bei den Weltmeisterschaften 2001 (8. Platz) und 2003 (2. Platz) sowie bei der Europameisterschaft 2002 (2. Platz) trug er seinen Teil zu den guten Ergebnissen bei, ohne die hohen Erwartungen an ihn erfüllen zu können. Mit TuSEM Essen gewann Rose 2005 den EHF-Pokal im Finale gegen den SC Magdeburg (22:30, 31:22).

Land: Deutschland
Geburtsdatum: 09.01.1977
Position: RR, RA
Länderspiele: 69
WM-Teilnahmen: 2001, '03
Stationen: SG Wallau-Massenheim, Ciudad Real, TuSEM Essen, Reinickendorfer Füchse

Gerd Rosendahl

Seinen größten Erfolg feierte Gerd Rosendahl 1978, als er mit der DHB-Auswahl in Dänemark Weltmeister wurde. Im gleichen Jahr wechselte der Rechtsaußen vom OSC Rheinhausen zum VfL Gummersbach. Rosendahl, der als B-Jugendlicher 1970 in allen Pflichtspielen ohne Niederlage blieb, erreichte mit dem OSC 1976 die Endrunde zur deutschen Meisterschaft. Mit dem VfL Gummersbach errang er zwischen 1979 und 1984 zahlreiche Titel. Je zweimal wurde er mit dem oberbergischen Traditionsverein Deutscher Meister und DHB-Pokal-Sieger. 1979 gewann der Linkshänder den Europapokal der Pokalsieger, 1982 den IHF-Pokal und 1983 den Europapokal der Landesmeister sowie die Vereins-Europameisterschaft. Insgesamt bestritt Gerd Rosendahl in der Bundesliga 199 Spiele und erzielte dabei 302 Tore.

Land: Deutschland
Geburtsdatum: 08.09.1956
Position: RA

Länderspiele: 28
WM-Teilnahmen: 1978

Stationen: VfL Rheinhausen, OSC Rheinhausen, VfL Gummersbach

ROT

Michael Roth

Seinen größten sportlichen Erfolg feierte Michael Roth 1984 mit dem Gewinn der Silbermedaille bei den Olympischen Spielen in Los Angeles. Bei der Weltmeisterschaft 1986 erreichte er mit der Mannschaft zwar Rang sieben, erzielte in drei Spielen aber keinen einzigen Treffer. Bei der Militär-Weltmeisterschaft 1981 gewann Roth mit der deutschen Auswahl den Titel, bei der Junioren-Weltmeisterschaft 1983 wurde er mit der Mannschaft Zweiter. Größere Erfolge verbuchte der technisch starke und wurfgewaltige Spielgestalter, der auch am Kreis eingesetzt werden konnte, im Verein. Mit dem TV Großwallstadt, für den er zwischen 1986 und 1990 insgesamt 119 Spiele bestritt und dabei 283 Tore erzielte, erreichte er 1986 im Europapokal der Pokalsieger das Finale. Nur auf Grund der Auswärtstorregel (20:18, 19:21) musste sich die Mannschaft dem FC Barcelona geschlagen geben. 1988 und 1989 gewann er mit dem TVG den DHB-Pokal und feierte 1990 den Gewinn der deutschen Meisterschaft. 1992 folgte noch der Sieg im City-Cup mit TuSEM Essen. Seine Karriere beendete Michael Roth, ebenso wie sein fünf Minuten jüngerer Zwillingsbruder Ulrich, 1994. Anschließend wechselte er in den Trainerberuf und ist zurzeit beim TV Großwallstadt in der Bundesliga tätig.

Land: Deutschland
Geburtsdatum: 15.02.1962
Position: RM, KM
Länderspiele: 44
WM-Teilnahmen: 1986
Stationen: SG Leutershausen, TuS Hofweier, MTSV Schwabing, TV Großwallstadt, TUSEM Essen

Ulrich Roth

Obwohl Uli Roth über 150 Länderspiele absolvierte, gehörte er lediglich bei einer Weltmeisterschaft dem deutschen Aufgebot an – 1986 in der Schweiz belegte er mit der DHB-Auswahl Platz sieben. Ungleich erfolgreicher war er 1984 bei den Olympischen Spielen in Los Angeles, als die deutsche Nationalmannschaft überraschend die Silbermedaille gewann. Sein Debüt im Nationalteam feierte der Kreisläufer, der zeitweise die Mannschaft als Kapitän anführte, im Oktober 1982 unter Bundestrainer Simon Schobel. Der kräftige Spieler, der seine Stärken vor allem in der Abwehr hatte, spielte unter Schobel-Nachfolger Petre Ivanescu noch bis 1989 im Nationalteam. Roth begann seine Karriere zusammen mit seinem Zwillingsbruder Michael bei der SG Leutershausen, mit der er 1981 in die Zweite Bundesliga aufstieg. Bei der Junioren-Weltmeisterschaft 1983 in Finnland wurde er mit dem DHB-Team Vizeweltmeister und gehörte mit 17 Treffern zu den besten Schützen der Mannschaft. Mit dem MTSV Schwabing wurde Roth 1986 DHB-Pokalsieger. Mit dem TV Großwallstadt gewann er 1989 erneut den Pokal und wurde 1990 Deutscher Meister. Nach 331 Spielen und 877 Toren beendete Uli Roth 1994 seine Karriere bei der SG Leutershausen.

Land: Deutschland
Geburtsdatum: 15.02.1962
Position: KM
Länderspiele: 151
WM-Teilnahmen: 1986
Stationen: MTSV Schwabing, TV Großwallstadt, SG Leutershausen

RUB

Martin Rubin

Martin Rubins Karriere vollzog sich bis zum Alter von 31 Jahren in der Schweiz. Erst 1995 wagte er den Sprung ins Ausland. Der 1,98 Meter große Rückraumspieler aus Spiez spielte in der Bundesliga bei Bayer Dormagen. Rubin, der wahlweise als träge oder gelassen bezeichnet wurde, wechselte vom Erstligisten Steffisburg zum BSV Bern und wurde mit dem Hauptstadtklub 1985 Schweizer Meister. Schon 1983 spielte der wurfstarke Linkshänder in der Nationalmannschaft und stand in der Folge bei zwei Olympischen Spielen und drei Weltmeisterschaften im Aufgebot der Schweiz. Den größten Erfolg feierte Martin Rubin bei der Weltmeisterschaft 1993 in Schweden, als er mit der Schweizer Auswahl den vierten Platz erreichte.

Land: Schweiz
Geburtsdatum: 04.08.1964
Position: RR

Länderspiele: 239
WM-Teilnahmen: 1986, 1993, 1995

Stationen: Spiez, Steffisburg, BSV Bern, Wacker Thun, TSV Bayer Dormagen

Siarhei Rutenka (rechts)

Siarhei Rutenka durchlief die berühmte Minsker Handballschule. Im Alter von 19 Jahren wechselte der gebürtige Weißrusse zu Velenje nach Slowenien. Bis zur Europameisterschaft 2004 klappte es mit der Einbürgerung Rutenkas noch nicht. Erst zu den Olympischen Spielen 2004 in Athen verstärkte der wurfgewaltige Rückraumspieler, der auch an den Kreis einlaufen kann, die slowenische Mannschaft. Bei der Weltmeisterschaft 2005 belegte er mit 89 Treffern, davon 59 Feldtore, den dritten Platz in der Torschützenliste. 2006 wurde er bei der EM in der Schweiz mit 51 Treffern Torschützenkönig und erreichte mit Slowenien Platz acht. Die Champions League gewann Siarhei Rutenka 2004 mit Celje Pivovarna Lasko und 2006 mit Ciudad Real.

Land: Weißrussland, Slowenien
Geburtsdatum: 29.08.1981

Position: RL
Länderspiele: 83
WM-Teilnahmen: 2005

Stationen: Arkatron Minsk, Goverje, Celje Pivovarna Lasko, BM Ciudad Real

SCH

Juri Schewzow

Ursprünglich hatte Juri Schewzow Skilangläufer werden wollen. Doch da es im Verein in seinem Heimatort Sluzk keinen freien Platz mehr gab, entschied er sich für Handball. Der talentierte Außenspieler wechselte bereits mit 14 Jahren auf das Handballinternat des SKA Minsk, wo er unter Trainer Spartak Mironowitsch mit 18 Jahren in die erste Mannschaft aufrückte. Mit dem SKA Minsk gewann er dreimal den Europapokal der Landesmeister und zweimal den Europapokal der Pokalsieger, dazu sechsmal die sowjetische Meisterschaft und dreimal den nationalen Pokal. Äußerst erfolgreich agierte er auch in der sowjetischen Nationalmannschaft, mit der er bei den Olympischen Spielen 1980 die Silbermedaille gewann und zwei Jahre später in Deutschland Weltmeister wurde. Die Krönung erfolgte 1988 mit dem Gewinn der Goldmedaille bei den Olympischen Spielen in Seoul. Nach 287 Länderspielen wechselte er 1992 nach Deutschland in die Bundesliga zum Aufsteiger Blau-Weiß Spandau/Berlin. Dort erzielte er in 26 Spielen 89 Tore, konnte den Abstieg aber nicht verhindern. 1996 kehrte er als Trainer nach Deutschland zurück. Mit dem TBV Lemgo, TuSEM Essen und der SG Kronau/Östringen gewann der Trainer des Jahres 1997 Meisterschaft, Pokal, Europapokal und Supercup.

Land: Sowjetunion
Geburtsdatum: 16.12.1959
Position: RA

Länderspiele: 287
WM-Teilnahmen: 1982, 1986

Stationen: SKA Minsk, Blau-Weiß Spandau/Berlin

Wieland Schmidt

Wieland Schmidt galt von Mitte der 1970er bis Mitte der 1980er Jahre als weltbester Torhüter. Mit der DDR-Auswahl gewann er bei den Olympischen Spielen 1980 die Goldmedaille. Herausragend seine Leistung im Endspiel gegen die UdSSR, in dem er die sowjetischen Spieler mit seinen Paraden reihenweise zur Verzweiflung brachte. Sein erstes großes Turnier spielte Schmidt 1974 bei der WM in der DDR; der damals 18-Jährige kam jedoch nur zu einem Kurzeinsatz gegen die USA. Vier Jahre später in Dänemark wurde „Willi" zum besten Torhüter des Turniers gewählt. Schmidt wechselte in seiner Jugend vom Fußball zum Handball, nachdem er bei seinem ersten Einsatz im Fußballtor zehn Gegentore hinnehmen musste. Bereits mit 18 Jahren spielte er in der Oberliga-Mannschaft des SC Magdeburg. In der Folge wurde er mit dem SCM achtmal DDR-Meister, dreimal DDR-Pokalsieger und verlor in der Zeit kein einziges Heimspiel. Zweimal gewann er den Europapokal der Landesmeister und einmal die Vereins-EM. In 283 Punktspielen für Magdeburg parierte er 554 Siebenmeter und erzielte selbst 15 Treffer. Dreimal wurde er zum Handballer des Jahres in der DDR gewählt. Im Dezember 1989 war Wieland Schmidt der erste Spieler, der aus dem Osten Deutschlands in den Westen wechselte.

Land: DDR
Geburtsdatum: 23.12.1953
Position: TW

Länderspiele: 276
WM-Teilnahmen: 1974, 1978, 1982, 1986

Stationen: BSG SW Magdeburg, SC Magdeburg, VfL Hameln, GWD Minden

SCH

Hans-Günther Schmidt

Die großen Erfolge des VfL Gummersbach in den 1960er und 1970er Jahren sind untrennbar mit seinem Namen verbunden. Der „Erfinder" des verzögerten Sprungwurfs setzte in dieser Zeit mit dem Verein aus dem Oberbergischem national wie international Maßstäbe. An vier der insgesamt fünf Erfolge des VfL im Europapokal der Landesmeister war Hans-Günther „Hansi" Schmidt maßgeblich beteiligt und gehörte beim Gewinn von sieben der bis heute zwölf errungenen nationalen Meistertiteln zum Team. Zwischen 1967 und 1971 wurde Schmidt, der auch als Spielmacher glänzte, fünfmal in Folge Torschützenkönig der Bundesliga. Schon im Alter von zwölf Jahren spielte er in Banat, wohin sein Urgroßvater Mitte des 19. Jahrhunderts aus Schwaben ausgewandert war, in der ersten Mannschaft des Vereins und debütierte mit 19 Jahren in der rumänischen Nationalmannschaft. Als 21-Jähriger verließ Schmidt den Armeesportclub Steaua Bukarest und heuerte in Deutschland beim VfL Gummersbach an. Bis zu seinem Abschied vom VfL erzielte er in 173 Bundesligaspielen 1066 Tore und traf in 53 Europapokalspielen 338 Mal. In der deutschen Nationalmannschaft warf der 1,98 Meter große Rückraumspieler in 98 Partien 484 Tore. Der Linkshänder, der den verzögerten Sprungwurf perfektionierte, und über einen harten Wurf und zahlreiche Abschlussvarianten verfügte, verzichtete 1972 als Kapitän der Nationalmannschaft auf die Teilnahme an den Olympischen Spielen. Beim VfL Gummersbach, wo der manchmal unbequeme Charaktertyp zunehmend Probleme mit der jüngeren Generation bekam, verabschiedete er sich 1976 nach 13 erfolgreichen Jahren und spielte noch mehr als ein Jahrzehnt bei unterklassigen Vereinen.

Land: D, Rumänien
Geburtsdatum: 24.09.1942
Position: RR

Länderspiele: 116
WM-Teilnahmen: 1967, 1970, 1974

Stationen: Steaua Bukarest, VfL Gummersbach, TB Wülfrath, TuS Derschlag

SCH

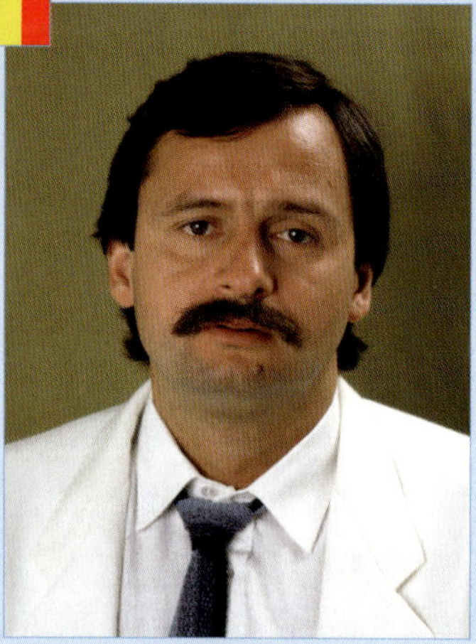

Simon Schobel

Als jüngster Bundestrainer des Deutschen Handball-Bundes übernahm der in Rumänien geborene Simon Schobel 1982 die Nachfolge von Vlado Stenzel. Mit 17 Jahren begann Schobel seine Spielerkarriere. Ein Jahr später spielte er bereits im Junioren-Nationalteam und debütierte mit 19 Jahren in der A-Nationalmannschaft Rumäniens, mit der er 1972 in München Olympia-Dritter wurde. Im gleichen Jahr setzte sich der 22-jährige Sportstudent während einer Deutschlandreise von seinem Team ab und heuerte beim Regionalligisten TuS Hofweier an. In Mainz führt er sein Sportstudium fort und führte den TuS in die Bundesliga, wo er in 104 Spielen 233 Tore erzielte. 1979 wurde Hofweier unter seiner Leitung als Spielertrainer deutscher Vizemeister. Zur gleichen Zeit war Schobel beim südbadischen Landesverband als Landestrainer angestellt. 1982 wurde der 32-jährige Schobel völlig überraschend zum Nationaltrainer berufen. Bei der B-Weltmeisterschaft 1983 in den Niederlanden blieb er mit der deutschen Auswahl zwar ungeschlagen, verpasste aber als Dritter die Olympia-Qualifikation. Durch den Boykott der Ostblockstaaten durfte Deutschland doch noch an den Spielen in Los Angeles teilnehmen und gewann sensationell die Silbermedaille.

Land: Rumänien, Deutschland
Geburtsdatum: 22.02.1950
Position: RL
Länderspiele: 20
WM-Teilnahmen: –
Stationen: Uni Klausenburg, TuS Hofweier

Stephan Schöne

Bis zu seinem 14. Lebensjahr spielte Stephan Schöne so erfolgreich Tennis, dass er sogar zu Lehrgängen des Deutschen Tennis Bundes eingeladen wurde. Doch Schöne entschied sich für den Handball und wurde beim TB Wülfrath 1979 von Vlado Stenzel entdeckt. 1983 gewann der Rechtshänder mit der Junioren-Auswahl des DHB hinter der UdSSR die Silbermedaille, zwei Jahre später mit der Studenten-Mannschaft bei der Weltmeisterschaft Bronze. Der 1,95 Meter große Blondschopf, dessen Markenzeichen der ansatzlose Wurf aus dem Handgelenk war, erzielte in 341 Bundesligaspielen 1242 Treffer. Mit der SG Wallau-Massenheim wurde er je zweimal Deutscher Meister und DHB-Pokalsieger. Nach dem Ende seiner aktiven Karriere arbeitete Stephan Schöne zunächst als Trainer und später als Manager.

Land: Deutschland
Geburtsdatum: 06.03.1962
Position: RL

Länderspiele: 103
WM-Teilnahmen: 1986

Stationen: TB Wülfrath, TuRu Düsseldorf, SG Wallau-Massenheim, LTV Wuppertal

Martin Schwalb

15 Jahre lang, von 1983 bis 1998, spielte Martin Schwalb in der höchsten deutschen Liga. In dieser Zeit erzielte er 2272 Tore – Platz drei in der ewigen Torschützenliste der Bundesliga – und verwandelte mit 945 Siebenmeter mehr als jeder andere Spieler in Deutschland seit 1978. Der Linkshänder mit der guten Übersicht und dem platzierten Wurf wurde mit 18 Jahren bei der TSG Oßweil auf Anhieb Torschützenkönig in der Regionalliga und wechselte 1982 zu Frisch Auf Göppingen. Ein Jahr später wurde er mit der Junioren-Nationalmannschaft in Finnland Vizeweltmeister und spielte erstmals für die A-Nationalmannschaft. Mit der DHB-Auswahl gewann er 1984 bei den Olympischen Spielen die Silbermedaille. Mit dem TV Großwallstadt wurde Schwalb 1987 Pokalsieger, mit TuSEM Essen 1989 Deutscher Meister und Sieger im Europapokal der Pokalsieger. 1992 und 1993 gewann Schwalb mit der SG Wallau-Massenheim die deutsche Meisterschaft und 1992 zudem den IHF-Pokal. Das Finale im Europapokal der Landesmeister 1993 verlor die SG wohl auch deshalb, weil Schwalb im ersten Spiel wegen einer Verletzung fehlte. 1993 und 1994 kamen jeweils Siege im DHB-Pokal dazu. Nach starken Leistungen – 1996 wurde Schwalb mit 230 Treffern Torschützenkönig der Bundesliga – und der Wandlung vom schwierigen Typen zur Führungspersönlichkeit, wurde er 1996 Kapitän der DHB-Auswahl. Nach Platz acht bei der EM und Rang sieben bei den Olympischen Spielen 1996, feierte Deutschlands Handballer des Jahres von 1996 bei der Europameisterschaft 1998 mit der Bronzemedaille einen versöhnlichen Abschied. Später wechselte Schwalb ins Traineramt und wurde 2000 zum Trainer des Jahres in Deutschland gewählt.

Land: Deutschland
Geburtsdatum: 04.05.1963
Position: RR
Länderspiele: 193
WM-Teilnahmen: 1986
Stationen: FA Göppingen, TV Großwallstadt, TuSEM Essen, SG Wallau-Massenheim

Krombacher
14

SCH

Christian Schwarzer

Über ein Jahrzehnt war Christian Schwarzer der überragende deutsche Spieler auf der Kreisläuferposition. Der Handballer des Jahres 2001 gewann in dieser Zeit zahlreiche nationale und internationale Titel und nahm mit der Nationalmannschaft von 1993 bis 2004 an 13 großen internationalen Turnieren teil. Sein größter Erfolg ist der Gewinn der Europameisterschaft 2004, doch auch Olympiasilber im gleichen Jahr, WM-Silber 2003 und EM-Bronze 1998 gehören zu den Highlights seiner Karriere. Bei der Weltmeisterschaft 2003 in Portugal wurde „Blacky" zum wertvollsten Spieler des Turniers gewählt. In der Bundesliga debütierte der bullige Spieler, der am gegnerischen Kreis wie in der eigenen Abwehr seine 100 Kilogramm stets mit vollem Einsatz zur Geltung bringt, bereits im Alter von 17 Jahren beim VfL Fredenbeck. Nach seinem Wechsel zum TV Niederwürzbach gehörte Schwarzer zu den erfolgreichsten Torschützen und gewann 1995 mit dem City-Cup seinen ersten internationalen Titel. Sein Debüt in der DHB-Auswahl gab der Rechtshänder im November 1989 gegen die DDR. Bei der Weltmeisterschaft 1993 in Schweden war er aus deutscher Sicht die große Entdeckung des Turniers. 1999 wechselte er als zweiter deutscher Handballer nach Erhard Wunderlich zum FC Barcelona und holte mit den Katalanen 2000 den Champions-League-Titel im Finale gegen den THW Kiel. Seit 2001 spielt er wieder in der Bundesliga beim TBV Lemgo, mit dem er 2003 die deutsche Meisterschaft, den DHB-Pokal und den EHF-Cup gewann. Nach 301 Länderspielen und 933 Toren beendete Christian Schwarzer 2004 seine Länderspielkarriere mit dem Gewinn der Silbermedaille bei den Olympischen Spielen in Athen.

Land: Deutschland
Geburtsdatum: 23.10.1969
Position: KM

Länderspiele: 301
WM-Teilnahmen: 1993, 1995, 1999, 2001, 2003

Stationen: VfL Fredenbeck, TV Niederwürzbach, FC Barcelona, TBV Lemgo

Hinrich Schwenker

In denn 1950er und 1960er Jahren war Hinrich Schwenker einer der erfolgreichsten deutschen Handballer. Bei sechs Weltmeisterschaften stand er im Aufgebot der deutschen Nationalmannschaft, vier in der Halle und zwei auf dem Feld. Dort feierte er 1959 seinen größten Erfolg. Als Kapitän führte er das Team um Hein Dahlinger und Bernhard Kempa zum WM-Titel. Schwenker, der schon mit 18 Jahren in die Nationalmannschaft berufen wurde, spielte über 40 Jahre bei dem Bremer Verein ATSV Habenhausen. In seiner aktiven Zeit erzielte er 212 Tore in 76 Länderspielen und arbeitete später als Trainer, unter anderem beim SV Werder Bremen. Der Vater des Kieler Nationalspielers Uwe Schwenker erlag 2005 im Alter von 70 Jahren einem Krebsleiden.

Land: Deutschland
Geburtsdatum: 08.07.1934
Position: LA

Länderspiele: 76
WM-Teilnahmen: 1954, 1958, 1961, 1964

Stationen: ATSV Habenhausen

Uwe Schwenker

Obwohl ihm durch Vater Hinrich Schwenker die Anlagen für das Handballspiel mitgegeben wurden, entschied sich Uwe zuerst für Fußball. Bis zu seinem 15. Lebensjahr spielte er beim SV Werder Bremen, wechselte dann aber aufgrund einer Verletzung zum Handball. Beim TV Grambke spielte er unter seinem erfolgreichen Vater und wurde 1977 von Bundestrainer Vlado Stenzel in die Junioren-Nationalmannschaft berufen. 1980 wechselte er nach Kiel und erkämpfte sich einen Stammplatz auf der Linksaußen-Position. Beim THW entwickelte sich Uwe Schwenker zu einem erfolgreichen Torjäger und Siebenmeterschützen und wurde bis 1992 viermal Vizemeister. In der A-Nationalmannschaft gab er 1980 sein Debüt. Nach der Silbermedaille 1984 bei den Olympischen Spielen in Los Angeles, sollte die WM 1986 der krönende Abschluss seiner Karriere werden. Doch der Gegenstoßspezialist (11 Sekunden auf 100 Meter) wurde mit der DHB-Auswahl nur Siebter. Für die B-WM 1989 kehrte er in die Nationalmannschaft zurück, reiste aber vorzeitig ab, da er vom Bundestrainer nicht eingesetzt wurde. Nach dem Ende seiner Karriere, in der er in 362 Bundesligaspielen 1332 Tore erzielte, wurde Uwe Schwenker Manager beim THW Kiel und führte den Verein zu zahlreichen Erfolgen.

Land: Deutschland
Geburtsdatum: 24.03.1959
Position: LA

Länderspiele: 73
WM-Teilnahmen: 1986

Stationen: TV Grambke Bremen, THW Kiel

SER

Zvonimir Serdarusic

Zvonimir Serdarusic, der von allen nur „Noka“ gerufen wird, lernte das Handballspiel bei Velez Mostar. Über Bosna Sarajewo kam er zu Partizan Bjelovar und gewann fünfmal die jugoslawische Meisterschaft. Die Bronzemedaille bei der Weltmeisterschaft 1974 in der DDR war der größte Erfolg des Kreisläufers. 1976 belegte er mit der jugoslawischen Auswahl den fünften Platz bei den Olympischen Spielen in Montreal. Der Kroate, der einmal in die Weltauswahl berufen wurde, wechselte 1980 in die Bundesliga zum THW Kiel und beendete später seine Karriere bei den Reinickendorfer Füchsen. Insgesamt erzielte er in 92 Ligaspielen 276 Treffer. Seit 1998 betreut Zvonimir Serdarusic als Trainer den THW Kiel und führte den Verein zu zahlreichen nationalen und internationalen Titeln.

Land: Kroatien
Geburtsdatum: 02.09.1950
Position: KM
Länderspiele: 75
WM-Teilnahmen: 1974
Stationen: Velez Mostar, Bosna Sarajewo, Partizan Bjelovar, THW Kiel, Reinickendorfer Füchse Berlin

Gudjon Valur Sigurdsson

1999 und 2000 wurde der Isländer Gudjon Valur Sigurdsson in seiner Heimat zum Handballer des Jahres gewählt. 2001 wechselte der 1,87 Meter große und 84 Kilogramm schwere Musterprofi mit dem großen Kämpferherz in die Bundesliga zu TuSEM Essen. Unter Trainer Juri Schewzow reifte der schnelle Gegenstoßspezialist zum Führungsspieler heran und erreichte 2003 das DHB-Pokalfinale. 2005 folgte der Gewinn des EHF-Pokals im Finale gegen den SC Magdeburg. Im Sommer 2005 wechselte er nach Gummersbach. In seiner ersten Saison beim VfL wurde er mit 263 Treffern Torschützenkönig und sicherte dem Verein mit Platz drei zum ersten Mal die Teilnahme an der Champions League. Zudem wurde der vielseitig einsetzbare Sigurdsson, der sowohl in der Deckung als - vorgezogener Abwehrspieler, im Angriff auf Linksaußen als auch auf der Spielmacherposition überzeugt, in der Bundesliga zum „Spieler der Saison" gewählt. 1999 feierte der Rechtshänder sein Debüt in der isländischen Nationalmannschaft, mit der er bei der EM 2002 in Schweden den vierten Platz erreichte. Insgesamt nahm Sigurdsson mit der Auswahl seines Landes an drei Welt-, vier Europameisterschaften und 2004 an den Olympischen Spielen in Athen teil.

Land: Island
Geburtsdatum: 08.08.1979
Position: LA

Länderspiele: 141
WM-Teilnahmen: 2001, 2003, 2005

Stationen: Grotta-KR, KA Akureyri, TuSEM Essen, VfL Gummersbach

SIG

Sigfus Sigurdsson

Sigfus Sigurdsson sorgt allein durch seine imposante Erscheinung für Aufsehen auf dem Handballfeld. Der 1,98 Meter große und 117 Kilogramm schwere Kreisläufer strotzt nur so vor Kraft. Dabei hinderten Alkoholprobleme den Isländer lange Zeit am Leistungssport. Doch der Koloss kämpfte sich zurück und wechselte 2002 von Valur Reykjavik in die Bundesliga zum SC Magdeburg. Dort wurde Sigurdsson schnell zum Publikumsliebling und erreichte mit dem SCM 2005 das Finale im EHF-Pokal. Mit der Nationalmannschaft nahm er an zwei Welt-, drei Europameisterschaften sowie 2004 an den Olympischen Spielen in Athen teil und erreichte bei der EM 2002 in Schweden den vierten Platz. Seit 2006 spielt Sigfus Sigurdsson in Spanien für Ademar Leon.

Land: Island
Geburtsdatum: 07.05.1975
Position: KM

Länderspiele: 94
WM-Teilnahmen: 2003, 2005

Stationen: Valur Reykjavik, SC Magdeburg, Ademar Leon

Vlado Sola

Im Tor der Kroaten lieferte Vlado Sola in den Endspielen gegen Deutschland, bei der Weltmeisterschaft 2003 in Portugal und bei den Olympischen Spielen 2004 in Athen, Weltklasseleistungen ab. Beide Male führte er seine Mannschaft, dank seiner großen Ruhe und erstaunlichen Antizipationsfähigkeit, zum Titel. 2005 reichte es bei der Weltmeisterschaft in Tunesien jedoch, wie zuvor bei der WM 1995, „nur" zur Silbermedaille. Der 1,94 Meter große und 94 Kilogramm schwere Keeper, der sich auch gerne mal die Haare rot färbt, wirkt im Kasten oft unbeteiligt, um dann in den entscheidenden Situationen, ähnlich wie der frühere jugoslawische Weltklassetorhüter Mirko Basic, voll da zu sein. In der Bundesliga gab Vlado Sola ein Gastspiel bei GWD Minden.

Land: Kroatien
Geburtsdatum: 17.11.1968
Position: TW

Länderspiele: 122
WM-Teilnahmen: 1995, 2003, 2005

Stationen: M. Zagreb, GWD Minden, US Chambery, Veszprem, Badel Zagreb

SKR

Dragan Skrbic

Die Wahl zum Welthandballer des Jahres 2000 (57 Prozent der Stimmen) verdankte Dragan Skrbic zum großen Teil seiner überragenden Leistung bei den Olympischen Spielen in Sydney. Serbien und Montenegro verlor zwar das Spiel um Platz drei gegen Spanien, doch der überragend spielende Skrbic wurde ins All-Star-Team des Turniers gewählt. Im gleichen Jahr wurde der 1,90 Meter große und 90 Kilogramm schwere Rechtshänder mit Celje Pivovarna Lasko, wie schon 1999, Slowenischer Meister und Pokalsieger. In der Bundesliga, wo Skrbic 2001 mit der HSG Nordhorn den Supercup gewann, wurde er 1998 zum besten Spieler der Saison gewählt. Insgesamt erzielte der Kreisläufer, der sich auch spielerisch immer wieder in die Aktionen des Rückraums einschaltete, für die SG VfL/BHW Hameln und die HSG Nordhorn in 98 Spielen 520 Tore. Dennoch konnte er 1998 den Abstieg der Hamelner in die zweite Liga nicht verhindern. 2002 ging er zum FC Barcelona und wurde mit den Katalanen 2003 EHF-Pokalsieger, holte 2004 den europäischen Supercup und gewann 2005 die Champions League. Außerdem wurde Skrbic, der im Alter von zwölf Jahren mit dem Handballspiel begann, mit Roter Stern Belgrad 1991 Jugoslawischer Meister. Durch den Ausschluss jugoslawischer Mannschaften von internationalen Wettbewerben von 1992 bis Anfang 1996, verpasste er zahlreiche internationale Turniere. Mit Serbien und Montenegro gewann er bei der Europameisterschaft 1996 in Spanien die Bronzemedaille und belegte bei der ersten WM-Teilnahme des jungen Staates 1997 in Japan den neunten Platz. Erfolgreicher war er bei den Weltmeisterschaften 1999 und 2001. Sowohl in Ägypten als auch in Frankreich holte Dragan Skrbic WM-Bronze.

Land: Serbien & Montenegro
Geburtsdatum: 29.09.1968
Position: KM

Länderspiele: 215
WM-Teilnahmen: 1997, 1999, 2001, 2003

Stationen: Roter Stern Belgrad, SG Hameln, Celje, HSG Nordhorn, FC Barcelona

SKR

SOL

Glenn Solberg

Glenn Solberg besticht durch seine Übersicht und die Fähigkeit, seine Mitspieler perfekt in Szene zu setzen. Der Spielgestalter versteht es wie kaum ein anderer, Räume für seine Nebenleute zu schaffen und dabei gleichzeitig torgefährlich zu sein. Der City-Cup-Sieger von 1996 wechselte nach der Weltmeisterschaft 1997 zur HSG Nordhorn, stieg 1999 in die Bundesliga auf und erreichte 2001 und 2002 das Final-Four-Turnier um den DHB-Pokal. 2002 wurde er zudem Deutscher Vizemeister. Anschließend wechselte der Rückraumspieler zum FC Barcelona, wo er 2003 die Meisterschaft und den EHF-Pokal gewann. 2004 kehrte Glenn Solberg in die Bundesliga zur SG Flensburg-Handewitt zurück und wurde 2005 Deutscher Meister.

Land: Norwegen
Geburtsdatum: 18.02.1972
Position: RM
Länderspiele: 110
WM-Teilnahmen: 1997, 2005
Stationen: Reistad IL, Drammen HK, HSG Nordhorn, FC Barcelona, SG Flensburg-Handewitt

Bruno Souza

In der europäischen Handballwelt ist Bruno Souza ein Exot. Als erster Brasilianer spielt er seit der Saison 2001/2002 in der Bundesliga. Der Rückraumspieler gehörte 2002 zu den besten Spielern der Welt und landete bei der Wahl zum Welthandballer des Jahres auf dem dritten Rang. Bei der Weltmeisterschaft 1999 in Ägypten überzeugte der sprunggewaltigen Rechtshänder mit 37 erzielten Treffern als einer der erfolgreichsten Torschützen des Turniers. Auf Empfehlung des ehemaligen brasilianischen Nationaltrainers Alberto Rigolo, wechselte Souza von Vasco da Gama zu Frisch Auf Göppingen und führte den Zweitligisten 2001 zum Aufstieg in die Bundesliga. In seinem ersten Bundesligajahr erzielte er 168 Tore (zweitbester Feldtorschütze der Liga) und hatte so entscheidenden Anteil am Klassenerhalt. 2003 sicherte er seinem Land die Teilnahme an den Olympischen Spielen und wurde in Brasilien zum Handballer des Jahres gewählt. 2004 in Athen belegte er mit der Auswahl Brasiliens den zehnten Platz. 2006 verließ Bruno Souza Göppingen, wechselte zum HSV und gewann mit den Hamburgern unter Trainer Martin Schwalb in seinem ersten Pflichtspiel den Supercup durch ein 39:35 gegen den amtierenden Deutschen Meister THW Kiel.

Land: Brasilien
Geburtsdatum: 27.06.1977
Position: RL

Länderspiele: 95.
WM-Teilnahmen: 1997, 1999, 2001, 2003

Stationen: Vasco da Gama Rio de Janeiro, Frisch Auf Göppingen, HSV Hamburg

SPE

Horst Spengler

Horst Spengler war Kapitän der DHB-Auswahl, die 1978 den größten Erfolg einer deutschen Handball-Nationalmannschaft feierte. Der Weltklasse-Kreisläufer gewann mit Deutschland in Dänemark den Weltmeistertitel durch ein 20:19 im Finale gegen das hochfavorisierte Team aus der UdSSR. Spengler steuerte zu diesem Erfolg vier Treffer bei, insgesamt war er bei dem Turnier mit 16 Toren zweitbester Schütze der deutschen Mannschaft hinter Joachim Deckarm (22 Tore). Zwei Jahre zuvor hatte Spengler, der sein Debüt im Nationalteam 1971 beim Karpaten-Turnier in Rumänien gegen Frankreich gegeben hatte, mit der Mannschaft bei den Olympischen Spielen in Montreal den vierten Platz erreicht. Der 1,81 Meter große und 83 Kilogramm schwere Athlet beendete seine internationale Karriere unter unglücklichen Umständen: Kurz nachdem Spengler am 12. Januar 1981 mit 140 Spielen für die DHB-Auswahl den bis dahin führenden Herbert Lübking als Rekordnationalspieler abgelöst hatte, wurde er vom damaligen Bundestrainer Vlado Stenzel bei zwei Spielen nicht berücksichtigt. Als Konsequenz daraus trat er aus der Nationalmannschaft zurück. Für den TV Hüttenberg, zu dem er als 19-Jähriger vom TV Lützellinden gewechselt war, spielte er noch bis 1983 in der Bundesliga – von 1968 bis 1979 unter seinem Vater Rudolf als Trainer. In dieser Zeit scheiterte er mit dem Verein mehrfach am VfL Gummersbach: zweimal im Pokalfinale, zweimal im Halbfinale zur deutschen Meisterschaft. Nach seiner aktiven Zeit wechselte Horst Spengler an die Seitenlinie. Als Trainer führte er 1998 den Zweitligisten HSG Dutenhofen/Münchholzhausen bis ins Finale des Europapokals der Pokalsieger.

Land: Deutschland
Geburtsdatum: 10.02.1950
Position: KM

Länderspiele: 148
WM-Teilnahmen: 1974, 1978

Stationen: TV Lützellinden, TV Hüttenberg

Goran Sprem

Goran Sprem nahm mit der kroatischen Nationalmannschaft bereits an drei Weltmeisterschaften teil. Doch bei der SG Flensburg-Handewitt kam der Linksaußen an dem Dänen Lars Christiansen nicht vorbei. So wechselte er 2006 zum Ligakonkurrenten MT Melsungen. Der schnelle und trickreiche Rechtshänder wurde in seiner Heimat achtmal Meister und sechsmal Pokalsieger. Zum Abschluss seiner Zeit in Flensburg errang der Kroate den DHB-Pokal. Mit der Nationalmannschaft gewann er 2003 den Weltmeistertitel in Portugal und holte ein Jahr später bei den Olympischen Spielen in Athen die Goldmedaille. 2005 in Tunesien scheiterte Goram Sprem mit Kroatien erst im Finale an der spanischen Auswahl (34:40) und gewann WM-Silber.

Land: Kroatien
Geburtsdatum: 06.07.1979
Position: LA

Länderspiele: 77
WM-Teilnahmen: 2001, 2003, 2005

Stationen: ZK Zagreb, Medvesczak Zagreb, SG Flensburg-Handewitt, MT Melsungen

Vasile Stinga

Seinen größten persönlichen Erfolg feierte Vasile Stinga bei der Weltmeisterschaft 1982 in Deutschland. Zwar wurde er mit Rumänien nur Fünfter, dafür gewann er mit der damaligen Rekordzahl von 65 Treffern die Torjägerkrone der Welttitelkämpfe. Über ein Jahrzehnt galt der intelligente und überaus faire Aufbauspieler, der seine geschmeidige Technik stets in den Dienst der Mannschaft stellte, als einer der besten Handballspieler der Welt. Doch der ganz große internationale Triumph blieb Stinga, der den von Hansi Schmidt und seinem Landsmann Gheorghe Gruia eingeführten verzögerten Sprungwurf perfekt beherrschte, versagt. Mit Steaua Bukarest gewann er neun rumänische Meisterschaften, im Europapokal reichte es jedoch nie zu einem Titelgewinn. Bei den Olympischen Spielen 1980 (36 Treffer) und 1984 (47 Treffer) holte Stinga, der von seiner enormen Wurf- und Sprungkraft profitierte, mit Rumänien jeweils die Bronzemedaille. Bei beiden Spielen gehörte er zu den besten Torschützen des Turniers. 1983 gewann er den Supercup und erkämpfte sich bei der WM 1990 noch einmal Bronze. 1986 schied Vasile Stinga bereits im ersten WM-Spiel seiner Mannschaft mit einem Jochbeinbruch aus, Rumänien wurde Neunter und stieg in die B-Gruppe ab.

Land: Rumänien
Geburtsdatum: 21.01.1957
Position: RM

Länderspiele: 250
WM-Teilnahmen: 1978, 1982, 1986, 1990

Stationen: Steaua Bukarest, Caixa Valencia

Olafur Stefansson

Der wurfgewaltige Linkshänder gilt als einer der komplettesten Rückraumspieler der Welt. Mit seinen Toren kann er Spiele allein entscheiden, zudem setzt er mit überlegten Anspielen seine Mitspieler in Szene, ist in der Deckung nur schwer zu überwinden und im Gegenstoßspiel kreativ und schnell. Aufgrund seines überzeugenden Spiels wurde er 2001 und 2002 Handballer des Jahres in Deutschland und 2002 in Island zum Sportler des Jahres gewählt. Dabei fehlen ihm die ganz großen Erfolge mit der Nationalmannschaft. Auf Vereinsebene entwickelte sich Stefansson schon früh zum Erfolgsgaranten. Mit zehn Jahren zum Handball gekommen, gewann er mit Valur Reykjavik allein fünfmal die isländische Meisterschaft. 1997 wechselte er zum Aufsteiger HC Wuppertal in die Bundesliga, im Jahr darauf zum SC Magdeburg. 1999 gewann er den EHF-Pokal. 2001 folgte die deutsche Meisterschaft, zu der er 225 Tore beisteuerte. Als erster deutscher Mannschaft gelang dem SCM mit Stefansson 2002 der Gewinn der Champions League im Finale gegen Fotex Veszprem. Diesen Erfolg wiederholte der Isländer im Trikot von Ciudad Real 2006 gegen San Antonio, nachdem er ein Jahr zuvor im Finale dieses Wettbewerbs noch am FC Barcelona gescheitert war. Bei der Europameisterschaft 2002 erreichte Stefansson mit der isländischen Auswahl Platz vier. Mit 57 Treffern wurde er Torschützenkönig der EM in Schweden und ins All-Star-Team gewählt. Bei den Olympischen Spielen 2004 in Athen belegte er mit Island den neunten Platz. Zudem nahm er an fünf Weltmeisterschaften teil – erreichte 1997 in Japan als beste Platzierung Rang fünf – und spielte bei insgesamt vier Europameisterschaften. Als Junior hatte er bereits WM-Bronze gewonnen.

Land: Island
Geburtsdatum: 03.07.1973
Position: RR

Länderspiele: 219
WM-Teilnahmen: 1995, 1997, 2001, 2003, 2005

Stationen: Valur Reykjavik, HC Wuppertal, SC Magdeburg, BM Ciudad Real

STE

STE

Daniel Stephan

Als erster Deutscher ist Daniel Stephan 1998 zum Welthandballer des Jahres gewählt worden. Zuvor hatte Stephan die Nationalmannschaft bei der Europameisterschaft in Italien auf Platz drei geführt – der ersten Medaille für eine DHB-Auswahl seit den olympischen Spielen 1984. In diesem Turnier wurde der Rechtshänder zudem als bester Spieler ausgezeichnet. Nach dem Gewinn der Silbermedaille bei der EM 2002 in Schweden, folgte zwei Jahre später die Krönung seiner Laufbahn. Bei der Europameisterschaft 2004 in Slowenien gelang der Titelgewinn durch ein 30:25 im Finale gegen den Gastgeber. Im gleichen Jahr gewann Stephan mit der DHB-Auswahl bei den Olympischen Spielen in Athen die Silbermedaille. Doch obwohl Stephan an drei Olympischen Spielen und sechs Europameisterschaften teilnahm, absolvierte der Rückraumspieler kein einziges WM-Spiel. 1995 gehörte er zwar dem Kader an, saß aber nur auf der Bank oder auf der Tribüne. Nachdem sich Deutschland für die Weltmeisterschaft 1997 nicht qualifizieren konnte, verhinderten in der Folge zahlreiche Verletzungen eine Teilnahme. Nach fünf verpassten Weltmeisterschaften erklärte Stephan, der am 14. Mai 1994 beim 30:28 gegen Ägypten sein Länderspieldebüt feierte, im November 2005 aufgrund anhaltender Verletzungsprobleme seinen Rücktritt aus der Nationalmannschaft. Der sichere Schütze, der am 5. April 2005 mit 17 Toren beim Spiel in Wetzlar die Bundesliga-Rekordmarke von Jerzey Klempel (19 Tore) nur knapp verpasste, feierte in Lemgo zahlreiche Erfolge. Mit dem TBV wurde Daniel Stephan 1997 und 2003 Deutscher Meister, 1995, 1997 und 2002 DHB-Pokalsieger, und gewann 1996 den Europapokal der Pokalsieger sowie 2006 den EHF-Pokal.

Land: Deutschland
Geburtsdatum: 03.08.1973
Position: RM, RL

Länderspiele: 183
WM-Teilnahmen: 1995

Stationen: VfL Rheinhausen, OSC Rheinhausen, TBV Lemgo

STO

Stephane Stoecklin

Als Stephane Stoecklin 1998 seinen Wechsel in das Handball-Entwicklungsland Japan bekannt gab, kam das einer Sensation gleich. Der Linkshänder galt zu dieser Zeit als einer der besten Spieler auf der Position im rechten Rückraum. Mit der französischen Nationalmannschaft belegte er bei der WM 1993, ebenso wie 1997, den dritten Platz. 1995 in Island gewann er den WM-Titel. Bei diesem Turnier schaffte er den Durchbruch, von der Rechtsaußenposition in den rechten Rückraum versetzt, gelangen ihm 48 Treffer. Bei den Olympischen Spielen 1992 gewann er die Bronzemedaille und wurde 1996 Vierter. Nach zwei französischen Meistertiteln und einem Pokalsieg, wechselte der mit 1,85 Meter recht kleine Rückraumspieler mit dem extrem harten Wurf zu GWD Minden in die Bundesliga und wurde 1998 mit 207 Treffern Torschützenkönig. Anschließend unterschrieb er in Japan bei Honda Giken Suzuka, wo er fünfmal Meister und viermal Pokalsieger wurde, den damals höchst dotierten Profivertrag der Handballgeschichte. 2003 kehrte Stoecklin, der in Frankreich zum besten Spieler des Jahrhunderts im rechten Rückraum gewählt wurde, nach Frankreich zu SO Chambéry zurück und beendete seine Karriere 2005 aufgrund von Knieproblemen.

Land: Frankreich
Geburtsdatum: 12.01.1969
Position: RR, RA

Länderspiele: 238
WM-Teilnahmen: 1990, 1993, 1995, 1997, 1999

Stationen: SO Chambéry, HP Montpellier, GWD Minden, Honda Giken Suzuka

Goran Stojanovic

Als Goran Stojanovic 1996 zum THW Kiel in die Bundesliga wechselte, hatte der jugoslawische Torhüter bereits zweimal in seiner Heimat die Wahl zum Spieler des Jahres (1991, 1995) gewonnen. In Kiel setzte sich der blonde Nationalspieler, der zuvor für mehrere Vereine in Spanien spielte, gegen Michael Krieter durch und wurde schnell die Nummer eins. Mit dem THW gewann er 1998 und 1999 jeweils die deutsche Meisterschaft und den DHB-Pokal, sowie 1998 den EHF-Pokal und den Supercup. Für negative Schlagzeilen sorgte der Mann mit den beeindruckenden Reflexen im Dezember 1996, als er unter Dopingverdacht geriet. Stojanovic hatte wegen einer Kieferverletzung ein Schmerzmittel eingenommen, das die verbotenen Substanzen Codein und Koffein enthielt. 1999 wechselte er zum Bundesligaaufsteiger VfL Bad Schwartau und gewann 2006 mit dem HSV Hamburg erneut den Deutschen Pokal. Sein größter internationaler Erfolg war 1996 der Gewinn der Bronzemedaille bei der EM in Spanien. Nach der Weltmeisterschaft 1997 beendete Goran Stojanovic, der sich im Zusammenspiel mit den Zuschauern zu Höchstleistungen steigern kann, nach 120 Länderspielen seine Karriere in der Nationalmannschaft und ist seitdem nur noch im Verein aktiv.

Land: Serbien & Montenegro
Geburtsdatum: 29.01.1966
Position: TW
Länderspiele: 120
WM-Teilnahmen: 1997
Stationen: Roter Stern Belgrad, THW Kiel, VfL Bad Schwartau, HSV Hamburg

SVE

Tomas Svensson

Bei den großen Erfolgen der schwedischen Nationalmannschaft in den 1990er Jahren und zu Beginn des 20. Jahrhunderts stand Tomas Svensson im Tor. Lediglich 1997 zog er sich für zwei Jahre aus der Nationalmannschaft zurück und verpasste so die WM 1997 sowie die EM 1998. 1999 wurde er in Ägypten Weltmeister und holte zwei Jahre später WM-Silber. Dreimal gewann er die Europameisterschaft (1994, 2000 und 2002). Nur der Olympiasieg sollte nicht gelingen. Bei den Spielen 1992, 1996 und 2000 scheiterte Svensson mit Schweden jeweils im Finale und gewann Silber. Mit dem FC Barcelona räumte der 1,94 Meter große Svensson Ende der 1990er Jahre die Titel förmlich ab. Von 1996 bis 2000 gewann er mit den Katalanen fünfmal in Folge die Champions League sowie die spanische Meisterschaft. Auch in der Bundesliga gab Tomas Svensson ein Gastspiel. Von 2002 bis 2005 spielte er beim HSV Hamburg, blieb aber mit den Hanseaten ohne Titel. 2005 wechselte der Keeper zu Portland San Antonio, mit dem er 2006 erst im Champions-League-Finale Ciudad Real unterlag.

Land: Schweden
Geburtsdatum: 15.02.1968
Position: TW

Länderspiele: 303
WM-Teilnahmen: 1990, ’93, ’95, ’99, 2001, 2003, 2005

Stationen: FC Barcelona, HSV Hamburg, Portland San Antonio

Viktor Szilagyi

In Österreich wurde Viktor Szilagyi im Jahr 2000 zum Handballer des Jahres gewählt. Spätestens da wurden auch die Bundesligavereine auf den talentierten Spieler aufmerksam. 2001 sicherte sich Bayer Dormagen die Dienste des Rückraumspielers, der bereits 1998 sein Länderspieldebüt gegen Litauen feierte. Trotz seiner 87 Tore in 22 Spielen konnte Szilagyi den Abstieg nicht verhindern. Er ging zu TuSEM Essen und kam 2005 zum THW Kiel. Dort machte ihn Trainer Zvonimir „Noka" Serdarusic zum Spielgestalter auf der Mittelposition. Der 1,96 Meter große Szilagyi, dessen Vater Istvan 200 Spiele für die ungarische Nationalmannschaft bestritt, führte den THW gleich in seiner ersten Saison 2005/2006 zur deutschen Meisterschaft.

Land: Österreich
Geburtsdatum: 16.09.1978
Position: RL, RM
Länderspiele: 99
WM-Teilnahmen: –
Stationen: Union St. Pölten, ATSV Innsbruck, Bayer Dormagen, TUSEM Essen, THW Kiel

Andreas Thiel

Häufiger als jeder andere wurde Andreas Thiel in Deutschland zum Handballer des Jahres gewählt – siebenmal erhielt „der Hexer" diese Auszeichnung. Das allein unterstreicht die herausragende Bedeutung des auf konstant hohem Niveau spielenden Keepers. Zwischen seinem Nationalmannschaftsdebüt 1980 und seinem endgültigen Abschied von der internationalen Bühne nach den Olympischen Spielen 1996 (7. Platz) liegen 16 Jahre, in denen Thiel, nach dem enttäuschenden Abschneiden bei der B-WM 1989 in Frankreich und dem damit verbundenen Abstieg in die C-Gruppe zurücktrat und erst drei Jahre später sein Comeback feierte. Dennoch kam Thiel auf über 250 Berufungen in die Nationalmannschaft und spielte bei acht großen internationalen Turnieren. Sein größter Erfolg ist die Silbermedaille bei den Olympischen Spielen 1984 in Los Angeles. 1987 gewann Thiel mit der DHB-Auswahl den Supercup und wurde ins All-Star-Team gewählt. Das gelang ihm auch bei der Weltmeisterschaft 1995, bei der er mit der Mannschaft überraschend den vierten Platz erreichte. Im Verein erlebte Thiel, der als 14-Jähriger bei Alemannia Aachen vom Fußball- ins Handballtor wechselte, seine erfolgreichste Zeit von 1979 bis 1991 beim VfL Gummersbach. 1982 und 1983 gewann er dort das Double aus Meisterschaft und Pokal, 1982 wurde er zudem IHF-Pokalsieger und 1983 Sieger im Europapokal der Landesmeister. Insgesamt erspielte sich Thiel fünfmal die deutsche Meisterschaft und dreimal den DHB-Pokal. Noch 2001 half er bei der SG Flensburg-Handewitt aus und gewann den Europapokal der Pokalsieger. Mit 528 Einsätzen liegt Thiel auf Rang vier in der ewigen Bestenliste der Bundesliga.

Land: Deutschland
Geburtsdatum: 03.03.1960
Position: TW

Länderspiele: 257
WM-Teilnahmen: 1982, 1986, 1993, 1995

Stationen: A. Aachen, VfL Gummersbach, B. Dormagen, SG Flensburg-Handewitt

THI

TKA

Grzegorz Tkaczyk

Nach dem Gewinn der Champions League 2002 verpflichtete der SC Magdeburg den wurfstarken Tkaczyk als Perpektivspieler. Der damals 22-Jährige hatte zuvor bei der Europameisterschaft in Schweden auf sich aufmerksam gemacht. Polen erreichte zwar lediglich den 15. Platz, für Tkaczyk war es jedoch der Beginn seiner internationalen Karriere. Einen Titel konnte der 1,94 Meter große und 94 Kilogramm schwere Spieler bisher allerdings nicht gewinnen. Auch mit der Nationalmannschaft blieb er bei zwei weiteren EM-Teilnahmen ohne Medaillen. 2004 in Slowenien belegte der Rechtshänder Platz 16, 2006 in der Schweiz immerhin Platz 10. Auch bei seiner bisher einzigen WM-Teilnahme reichte es für Grzegorz Tkaczyk nur zum zehnten Platz.

Land: Polen
Geburtsdatum: 22.12.1980
Position: RL, RM

Länderspiele: 61
WM-Teilnahmen: 2003

Stationen: KS AZS AWF Warszawianka Warschau, SC Magdeburg

Zbigniew Tluczynski

Zu Beginn der 1980er Jahre galt Zbigniew Tluczynski für viele als der kompletteste Spieler der Bundesliga. Der gebürtige Pole, der 1992 die deutsche Staatsangehörigkeit erhielt, bestritt erst im Alter von 16 Jahren sein erstes Punktspiel. Nach 14 Jahren in Polen, in denen er fünf Meisterschaften sowie sechs Pokalsiege feierte, wechselte er 1987 nach Deutschland zum VfL Fredenbeck. Dort führte der Rückraumspieler die Provinzmannschaft 1988 in die Bundesliga. Mit seinen 148 Toren war der Spielmacher zudem der erfolgreichste Werfer seiner Mannschaft. Und auch in der höchsten deutschen Spielklasse konnte der VfL dank seiner Tore bestehen. Mit 172 Treffern wurde Tluczynski Torschützenkönig und belegte mit Fredenbeck den neunten Platz. Auch in den folgenden Jahren rangierte Tluczynski, der in 172 Bundesliga-Spielen 944 Tore erzielte, unter den besten Torschützen der Liga. 1993 wechselte er zum TuS Nettelstedt und stieg mit dem Verein abermals in die Bundesliga auf. Mit der Nationalmannschaft gewann der 1,90 Meter große und 95 Kilogramm schwere Pole bei der Weltmeisterschaft 1982 die Bronzemedaille. Nach dem Ende seiner aktiven Laufbahn 1995 arbeitete er als Trainer, unter anderem in der Bundesliga beim TBV Lemgo, und holte 2002 den DHB-Pokal.

Land: Polen
Geburtsdatum: 16.02.1956
Position: RM
Länderspiele: 216
WM-Teilnahmen: 1982, 1986
Stationen: Korona Kielce, Slask Wroclaw, VfL Fredenbeck, TuS Nettelstedt, TV Jahn Duderstadt

TOR

Dimitri Torgowanow

Sein freundliches, aufrichtiges Wesen und sein vorbildliches Verhalten auf dem Platz machen Dimitri Torgowanow zum idealen Führungsspieler. Der 1,99 Meter große Torgowanow, der aufgrund seiner oft ungelenk aussehenden Bewegungen in Anlehnung an Pinocchio „Pino“ gerufen wird, fängt am Kreis nahezu jeden Ball und verwandelt mit beeindruckender Sicherheit. Schon früh kam er in Leningrad auf eine Jugendsportschule, wo er zuerst Basketball spielte und später zum Handball wechselte. Mit 17 Jahren spielte er für die Junioren-Nationalmannschaft Russlands. Mit 21 Jahren gewann Torgowanow 1993 mit Newa St. Petersburg die russische Meisterschaft. Mit der Erfahrung von nur sieben Länderspielen nahm er an der WM 1993 teil und trug mit 16 Toren zum Titelgewinn bei. Kurz nach der WM 1995 (5. Platz) wurde Torgowanow in St. Petersburg bei einem Raubüberfall schwer verletzt. Nach seiner Genesung gewann er mit der russischen Auswahl die Europameisterschaft 1996 in Spanien und wechselte anschließend zur SG Wallau-Massenheim und später zur SG Solingen. 1997 gewann der Rechtshänder erneut die Weltmeisterschaft, im Finale gegen Schweden traf er zum entscheidenden 23:21-Endstand. Bei der WM 1999 und der EM 2000 belegte er jeweils Rang zwei. 2000 stieg er mit Solingen in die Bundesliga auf und gewann bei den Olympischen Spielen in Sydney die Goldmedaille, obwohl er sich im Oktober 1999 eine schwere Schulterverletzung zugezogen hatte. Bei den Olympischen Spielen 2004 war Torgowanow der effektivste Spieler des gesamten Turniers (89 Prozent Erfolgsquote) und sicherte seinem Team in Athen die Bronzemedaille. Mit TuSEM Essen holte er 2005 in einem packenden Finale den EHF-Pokal.

Land: Russland
Geburtsdatum: 05.01.1972
Position: KM

Länderspiele: 250
WM-Teilnahmen: 1993, ’95, ’97, ’99, 2001, 2003, 2005

Stationen: St. Petersburg, SG Wallau-M., SG Solingen, TuSEM Essen, SG Kronau/Ö.

Aleksandr Tutschkin

Für Aleksandr Tutschkin bedeutete der Handballsport die Chance, sich aus seinen bescheidenen Lebensverhältnissen zu befreien. Als der 18-Jährige per Zufall entdeckt wurde, schlug er sich als Hilfsarbeiter in einer Betonfabrik im weißrussischen Bobruisk durch. Bei SKA Minsk entwickelte sich der schmächtige Mann, dank seines eisernen Willens und seines großen Talents zum herausragenden Spieler im Verein und später auch in der Nationalmannschaft. Dabei hatte sich der Rechtshänder zu Beginn seiner Laufbahn zum Linkshänder umschulen lassen, um noch gefährlicher zu sein. Dank seiner Sprungkraft und seiner unkonventionellen Würfe, war er für die Deckung nur schwer zu stoppen. So gewann er schon 1985 mit der sowjetischen Junioren-Auswahl den WM-Titel. Im Sommer 1986, nur vier Jahre nach dem Beginn seiner Laufbahn, gab er sein Debüt in der A-Nationalmannschaft. Seine fast zwei Jahrzehnte andauernde Karriere wurde immer wieder durch schwere Verletzungen (Kreuzbandrisse, Knöchelverletzung, Meniskusschäden, Arthrose, Bandscheibenvorfall) unterbrochen. Dennoch war Tutschkin vor allem im Nationalteam mit seinen Toren an zahlreichen Erfolgen beteiligt. Er spielte für die UdSSR, Weißrussland und Russland, wurde 1988 und 2000 Olympiasieger und gewann 2004 Olympia-Bronze, dazu kamen Silbermedaillen bei zwei Weltmeisterschaften und einer Europameisterschaft. Auch mit seinen Vereinen gewann der 2,03 Meter große Rückraumspieler zahlreiche Titel: Europapokal der Landesmeister (1987, 1989), Europapokal der Pokalsieger (1988), Supercupsieger (1989) und mehrfach Meisterschaft und Pokal in der UdSSR. In Deutschland gewann er 1991 und 1992 den DHB-Pokal und erzielte in 226 Spielen 1205 Treffer.

Land: Russland, Weißrussl.
Geburtsdatum: 15.07.1964
Position: RR

Länderspiele: 260
WM-Teilnahmen: 1986, '90, '93, '95, '97, '99, 2001, '03

Stationen: SKA Minsk, TuSEM Essen, GWD Minden, Santander, Filipos Veria

TUT

TOM

Nikolai Tomin

Im Endspiel um die Weltmeisterschaft 1978 in Dänemark konnte auch Nikolai Tomin die Niederlage nicht verhindern. Der Torhüter, der in den WM-Spielen zuvor der große Rückhalt seiner Mannschaft gewesen war, musste sich den deutschen Spielern letztlich geschlagen geben. Mit 19:20 verlor der große Favorit aus der Sowjetunion gegen die DHB-Auswahl. Auch zwei Jahre später unterlag Tomin mit der sowjetischen Auswahl bei den Olympischen Spielen in Moskau im Finale – diesmal war die DDR das stärkere Team. Damit konnte er seinen Olympiasieg von 1976 nicht wiederholen. In Montreal besiegte Nikolai Tomin mit der Sowjetunion im Finale Rumänien mit 19:15 und gewann die Goldmedaille. Mit dem ZSKA Moskau erreichte er 1977 das Finale im Europapokal der Landesmeister und unterlag dort Steaua Bukarest.

Land: Sowjetunion
Geburtsdatum: 28.12.1948
Position: TW
Länderspiele: k. A.
WM-Teilnahmen: 1978
Stationen: ZSKA Moskau

Inaki Urdangarin

Bekannt war Inaki Urdangarin schon als Handballer, berühmt wurde er durch seine Heirat im Oktober 1997 mit Infantin Christina von Spanien, die er bei den Olympischen Spielen 1996 in Atlanta kennengelernt hatte. Dabei reichen schon seine Erfolge aus, um ihn zu einem Medienstar zu machen: Mit insgesamt 52 Titeln ist Urdangarin der erfolgreichste Mannschaftssportler Spaniens. Der Linkshänder nahm allein dreimal an Olympischen Spielen teil und gewann zweimal die Bronzemedaille (1996, 2000). Ebenfalls Bronze sicherte sich der ebenso robust wie mannschaftsdienlich spielende Rückraumspieler bei der Europameisterschaft 2000 in Kroatien. Die meisten Trophäen sammelte der 1,97 Meter große Spanier aber mit dem FC Barcelona. Einmal holte er den Europapokal der Landesmeister, fünfmal den Nachfolgewettbewerb, die Champions League. Zweimal gewann er den Europapokal der Pokalsieger, viermal den Supercup, zehnmal wurde er Spanischer Meister, gewann siebenmal die Copa del Rey, neunmal den spanischen Superpokal, dreimal den spanischen Ligapokal und elfmal die katalanische Meisterschaft. Im April 2001 beendete Inaki Urdangarin, der zuletzt bei seinen Spielen ständig von Sicherheitsleuten umgeben war, seine Karriere.

Land: Spanien
Geburtsdatum: 15.01.1968
Position: RR

Länderspiele: 170
WM-Teilnahmen: 1993, 1997, 1999

Stationen: FC Barcelona

URI

Rolando Urios Fonseca

Bei der Weltmeisterschaft 1990 war Rolando Urios, gemeinsam mit seinem Teamkollegen Hernandez Rivero, mit 18 Jahren der jüngste Spieler des Turniers. Und obwohl Kuba lediglich den 14. Platz belegte, konnte Urios auf sich aufmerksam machen. Neun Jahre später wurde der 1,93 Meter große und 113 Kilogramm schwere Urios bei der Weltmeisterschaft in Ägypten mit 57 Treffern Torschützenkönig und belegte mit Kuba Platz acht. Nach den Olympischen Spielen 2000 wechselte er nach Spanien zu Ciudad Real. Dort gewann er zweimal den Europapokal der Pokalsieger und 2006 die Champions League. Nach seiner Einbürgerung, erreichte er mit der spanischen Nationalmannschaft seinen größten sportlichen Erfolg: 2005 in Tunesien wurde er Weltmeister.

Land: Kuba, Spanien
Geburtsdatum: 27.01.1971
Position: KM

Länderspiele: 120
WM-Teilnahmen: 1990, 1995, 1997, 1999, 2005

Stationen: Gamma, Veszprem, US Ivry Handball, BM Ciudad Real

Alexandros Vasilakis

Bei der bisher einzigen Teilnahme Griechenlands an einer Weltmeisterschaft 2005 in Tunesien war Alexandros Vasilakis maßgeblich am Erreichen des sechsten Platzes beteiligt. Der Linkshänder in Diensten der HSG Düsseldorf gehörte ebenso zu den Stützen der Mannschaft wie sein Landsmann Alex Alvanaos vom VfL Gummersbach. So auch beim Olympischen Handballturnier 2004 in Athen, als Griechenland ebenfalls den sechsten Platz belegte. Der 1,96 Meter große und 93 Kilogramm schwere Rückraumspieler bestritt bereits mehr als 100 Länderspiele und verfügt über einen harten und platzierten Wurf. Seit 2003 spielt Vasilakis in der Bundesliga und erzielte in 94 Spielen 453 Tore.

Land: Griechenland
Geburtsdatum: 08.08.1979
Position: RR

Länderspiele: 110
WM-Teilnahmen: 2005

Stationen: A.S.E Doukas Athen, Wilhelmshavener HV, HSG Düsseldorf

VEL

Oleg Velyky

Obwohl die Ukraine bei der EM 2000 den letzten Platz belegte, gewann Oleg Velyky mit 46 Treffern die Torjägerkrone. Spätestens ab diesem Zeitpunkt war der elegante Spielmacher ein gefragter Akteur. Auch bei der WM 2001 (Platz sieben) demonstrierte Velyky, der mit 17 Jahren sein Debüt in der Nationalmannschaft gab, mit 29 Treffern seine Klasse. Bei seinem Verein ZTR Saporoshje wurde er zweimal Torschützenkönig in der Ukraine. Nach seinem Wechsel in die Bundesliga zu TuSEM Essen hatte Velyky in der Saison 2001/02 mit 230 erzielten Treffern entscheidenden Anteil an der Qualifikation für den Europapokal. In der darauffolgenden Saison verbesserte sich der Verein auch dank seiner Tore auf den vierten Platz. Im DHB-Pokalfinale gegen die SG Flensburg-Handewitt erzielte Velyky, trotz eines Blutergusses im Fuß, 13 Treffer – zum Sieg reichte es dennoch nicht. Nach seiner Einbürgerung im März 2004 debütierte der Rückraumspieler, der zuvor 59 Mal für die Ukraine gespielt hatte, im Januar 2005 in der deutschen Nationalmannschaft. Bei der WM 2005 kam er mit der DHB-Auswahl auf Rang neun. 2005 gewann er mit TuSEM Essen den EHF-Cup, nach einem 22:30 im Hinspiel beim SC Magdeburg gewann Velyky mit seiner Mannschaft das Rückspiel sensationell mit 31:22.

Land: Ukraine, Deutschland
Geburtsdatum: 14.10.1977
Position: RL, RM

Länderspiele: 84
WM-Teilnahmen: 2001, 2005

Stationen: Kiew, ZTR Saporoshje, TUSEM Essen, SG Kronau/Östringen

Werner Vick (links)

Als Werner Vick seine aktive Laufbahn 1955 nach 37 Länderspielen beendete, war der Rückraumspieler Deutschlands Rekordnationalspieler. Dabei hatte der für seine starke Abwehrleistung bekannte Vick sowohl auf dem Großfeld als auch in der Halle zahlreiche Erfolge vorzuweisen. Auf dem Feld wurde er 1952 und 1955 Weltmeister, in der Halle 1954 als Kapitän Vizeweltmeister. Insgesamt gewann er zehn deutsche Meistertitel, davon vier in der Halle. Nach dem Ende seiner aktiven Zeit war Vick von 1955 bis 1972 Bundestrainer der Männer (zweimal Weltmeister auf dem Großfeld) und betreute von 1973 bis 1981 die Nationalmannschaft der Frauen. Dem Trainer Vick war Menschlichkeit ebenso wichtig wie sportliche Leistung. So machte er auch vor großen Namen nicht Halt und verbannte beispielsweise Herbert Lübking aus dem DHB-Kader, weil der des Geldes wegen von der Bundesliga in die Bezirksliga wechselte. Zudem arbeitete Vick, der mit 13 Jahren in Hamburg beim Polizei SV begann, als Dozent an der Deutschen Sporthochschule in Köln. Bei der Internationalen Handball-Föderation wirkte der Hamburger, der zweimal mit dem Silbernen Lorbeerblatt und einmal mit dem Bundesverdienstkreuz ausgezeichnet wurde, bei der Trainer- und Methodikkommission, später bei der Regel- und Schiedsrichterkommission.

Land: Deutschland
Geburtsdatum: 03.12.1920
Position: Rückraum
Länderspiele: 37
WM-Teilnahmen: 1954
Stationen: Polizei SV Hamburg, Hamburger Sportverein, Luftwaffen-Sportverein Hamburg

VOL

Frederic Volle

Eine Zeitungsanzeige sollte die sportliche Zukunft des damals 14-jährigen Frederic Volle verändern. Zu diesem Zeitpunkt hatte er es als Torhüter im Fußball bereits in die Jugend-Nationalmannschaft seines Landes geschafft. Doch nach seiner Teilnahme an einem Handball-Camp wechselte er die Sportart und spielte nur ein Jahr darauf wieder in der Jugend-Nationalmannschaft, nur diesmal in der der Handballer. Am Ende der eindrucksvollen Karriere des unangepassten Lebenskünstlers stand die Wahl zu Frankreichs bestem linken Rückraumspieler des Jahrhunderts. Mit 16 Jahren ging Volle in das Handballinternat von Nimes, unterschrieb dort später bei USAM Nimes einen Profivertrag und gewann in der Folge drei Meistertitel und zweimal den Pokal. 1993 wechselte er nach Marseille. Mit OM Vitrolles war er im Europapokal der Pokalsieger erfolgreich und wurde zweimal Französischer Meister. Auch mit der Nationalmannschaft feierte Volle, der auf dem Feld der verlängerte Arm des Trainers Daniel Constantini war, zahlreiche Erfolge: Bronze bei den Olympischen Spielen 1992 in Barcelona, Silber bei der Weltmeisterschaft 1993 und Gold bei der Weltmeisterschaft 1995. Nach Platz vier bei den Olympischen Spielen 1996 beendete Volle seine Karriere in der Nationalmannschaft. Der 1,96 Meter große und 102 Kilogramm schwere Rechtshänder wechselte 1996 in die Bundesliga zur SG Wallau-Massenheim. Dort überzeugte er das Publikum mit großem Einsatz und beeindruckender Übersicht in Abwehr und Angriff. Nach 57 Spielen und 255 Toren ging er nach Japan zu Honda Giken Suzuka, wo er viermal die Meisterschaft und einmal den Pokal gewann. 2002 übernahm Frederic Volle das Amt des japanischen Nationaltrainers.

Land: Frankreich
Geburtsdatum: 04.02.1966
Position: RL

Länderspiele: 248
WM-Teilnahmen: 1993, 1995

Stationen: USAM Nimes, OM Vitrolles, SG Wallau-Massenheim, Honda Suzuka

Frank von Behren

Nach den Olympischen Spielen 2000 in Sydney ernannte Bundestrainer Heiner Brand Frank von Behren zum Kapitän der Nationalmannschaft. Im Januar 2004, kurz vor dem Beginn der Europameisterschaft, sagte der Rückraumspieler seine Teilnahme mit dem Verweis auf seine körperliche Verfassung nach überstandener Achillessehnenverletzung ab. Seine Karriere im DHB-Dress schien beendet, da der Bundestrainer und einige Teammitglieder diese Einschätzung nicht teilten. Während der Olympischen Spiele 2004 bekam „Franz" eine zweite Chance und gewann mit der DHB-Auswahl die Silbermedaille, ebenso wie zuvor bei der EM 2002. Vom TV Hille wechselte er 1994 zu GWD Minden, wo er 1995 mit der A-Jugend Deutscher Meister wurde. Im Mai 1997 feierte er sein Debüt in der Nationalmannschaft und stand auch bei der WM 1999 (Platz 5) im Aufgebot. In Minden wurde er bald zum Stammspieler. Hinter Talant Dushebajew war von Behren mit 150 Treffern bester Torschütze seiner Mannschaft. Im Oktober 2002 riss ihm das Kreuzband, er verpasste die WM 2003 und wechselte anschließend nach Gummersbach. Beim VfL wurde der Rechtshänder überwiegend in der Abwehr eingesetzt. So wechselte Frank von Behren trotz sportlicher Erfolge im Sommer 2006 zur SG Flensburg-Handewitt.

Land: Deutschland
Geburtsdatum: 28.09.1976
Position: RL, RM

Länderspiele: 154
WM-Teilnahmen: 1999, 2001, 2005

Stationen: TV Hille, GWD Minden, VfL Gummersbach, SG Flensburg-Handewitt

Ljubomir Vranjes

Mit einer Größe von 1,68 Meter gehört Ljubomir Vranjes auf der Spielmacherposition zu den kleineren Spielern. Doch aufgrund seiner Schnelligkeit, seiner guten Übersicht und seiner Dynamik füllt er diese Rolle glänzend aus. Vranjes setzt nicht nur seine Nebenspieler hervorragend in Szene, sondern ist zudem auch selbst torgefährlich. Und auch in der Abwehr ist er mit seinen schnellen Beine eine Alternative. Dank seiner Fähigkeiten wurde er zur festen Größe sowohl in der Bundesliga als auch in der Nationalmannschaft. Mit der schwedischen Auswahl wurde der Rechtshänder 1999 in Ägypten Weltmeister und gewann dreimal den Titel bei Europameisterschaften (1998, 2000, 2002). Bei den Olympischen Spielen 2000 sowie den Weltmeisterschaften 1997 und 2001 belegte Vranjes jeweils Platz zwei.

Land: Schweden
Geburtsdatum: 03.10.1973
Position: RM

Länderspiele: 157
WM-Teilnahmen: 1997, 1999, 2001, 2003, 2005

Stationen: R. Göteborg, BM Granollers, HSG Nordhorn, SG Fl.-Handewitt

Veselin Vujovic (rechts)

In den 1980er Jahren gehörte Veselin Vujovic zu den besten Handballern der Welt. Der bärtige Hüne war Kapitän, Regisseur, Abwehrchef und Torjäger in einer Person. Seine gewaltigen Sprungwürfe waren gefürchtet, seine Ballfertigkeit, die er sich als Jugendlicher beim Basketballspielen erworben hatte, wurde bewundert. Als ihm das Umfeld bei den Basketballern nicht mehr zusagte, ging er zu den Handballern. Von da an ging es mit seiner Karriere steil bergauf. Bei Metaloplastica Sabac glänzte „Wuja" anfangs vor allem in der Abwehr, später entwickelte er auch in der Offensive außerordentliche Fähigkeiten. Mit dem Sieg bei der Junioren-Weltmeisterschaft 1981 feierte Vujovic seinen ersten großen Erfolg, mit 42 Treffern war er drittbester Werfer des Turniers. 1982 gehörte Vujovic als jüngster Spieler zum jugoslawischen WM-Kader und wurde in Deutschland Vizeweltmeister. Bei den Olympischen Spielen 1984 in Los Angeles gewann er mit der Mannschaft die Goldmedaille, ebenso wie 1986 bei der Weltmeisterschaft in der Schweiz. Bei den Olympischen Spielen 1988 in Seoul reichte es noch einmal zur Bronzemedaille, obwohl der Rechtshänder erst kurz vorher sein Comeback feierte. Zuvor hatte er rund ein Jahr, aufgrund eines Achillessehnenrisses und seines Wehrdienstes, pausieren müssen. Schließlich spielte der Rückraumspieler auch noch bei der Weltmeisterschaft 1990 in der Tschechoslowakei und kam auf den vierten Platz. In seiner Heimat wurde der stets zu Scherzen aufgelegte Vujovic zweimal zum Handballer des Jahres gewählt und 1986 zum Sportler des Jahres. Mit Metaloplastica Sabac gewann er 1985 und 1986 den Europapokal der Landesmeister; 1988 wechselte er nach Spanien zum FC Barcelona.

Land: Jugoslawien
Geburtsdatum: 18.01.1961
Position: RM, RL

Länderspiele: k.A.
WM-Teilnahmen: 1982, 1986, 1990

Stationen: Metaloplastica Sabac, FC Barcelona, Ciudad Real

VUJ

WAH

Frank-Michael Wahl

Als Deutschlands „Mister Handball“ am 24. Juni 1993 mit einem Abschiedsspiel seines VfL Hameln gegen die Nationalmannschaft seine Karriere offiziell beendete, wurde Frank-Michael Wahl eine besondere Ehre zuteil: Er wurde Deutschlands erster Ehrenspielführer. Dabei hatte „Potti“ seine sportliche Laufbahn als Schwimmer begonnen. 1968 und 1970 gewann er insgesamt sieben Medaillen bei den Kinder- und Jugendspartakiaden der DDR. Außerdem wurde er DDR-Jugendmeister über 100 m Delphin. 1973 begann der Rechtshänder bei Empor Rostock mit dem Handballsport. Ein Jahr später war der Linksaußen bereits Mitglied der DDR-Jugendauswahl. In Rostock errang der 1,90 Meter große Torjäger sieben Pokalsiege und drei Meisterschaften. Auch im Europapokal spielte der Verein mit ihm eine herausragende Rolle. 1982 legte Wahl mit 13 Toren im Finale den Grundstein zum Gewinn der Europameisterschaft für Vereinsmannschaften; vorausgegangen war der Sieg im Europapokal der Pokalsieger. Sein größter Titel war der Olympiasieg 1980 in Moskau. Im Finale gegen die UdSSR gelangen ihm fünf seiner insgesamt 1325 Tore für die DDR (in 315 Länderspielen). 1989 wurde Wahl, der immer als untadeliger Sportsmann galt, zum Kapitän der Weltauswahl berufen. Nach der Wiedervereinigung erfüllte sich für den immerhin schon 34-Jährigen doch noch der Wunsch, einmal für einen anderen Verein zu spielen. Ein Angebot des FC Barcelona hatten die DDR-Oberen dem mehrfachen Torschützenkönig der Oberliga 1985 noch verschwiegen. „Das hat mir die Partei kaputt gemacht“, erklärte Wahl Jahre später. Der gelernte Maschinen- und Anlagenmonteur wechselte nach Hameln und schaffte mit der SG den Aufstieg in die Bundesliga.

Land: DDR, Deutschland
Geburtsdatum: 24.08.1956
Position: LA

Länderspiele: 344
WM-Teilnahmen: 1978, 1982, 1986, 1990

Stationen: SC Empor Rostock, SG Hameln, TSG Altenhagen-Heepen

Renato Vugrinec

Das Jahr 2004 war für Renato Vugrinec das erfolgreichste seiner bisherigen Karriere. Der Slowene war maßgeblich am Gewinn der Silbermedaille bei der Europameisterschaft im eigenen Land beteiligt. Zudem sicherte sich der Rückraumspieler mit Celje Pivovarna Lasko den Titel in der Champions League. Im Anschluss wechselte der Linkshänder, der bereits 1994 in Portugal seine erste Europameisterschaft spielte, in die Bundesliga zum SC Magdeburg. Nach zwei Jahren ohne weitere Titel ging er 2006 zu Portland San Antonio. Bei drei WM-Teilnahmen war Rang elf (2003) die bislang beste Platzierung. Zudem nahm Renato Vugrinec an fünf Europameisterschaften teil.

Land: Slowenien
Geburtsdatum: 09.06.1975
Position: RR

Länderspiele: 161
WM-Teilnahmen: 1995, 2001, 2003

Stationen: MRK Drava Ptuj, Celje Pivovarna Lasko, SC Magdeburg, Portland S.A.

Dieter Waltke

Ganze drei Minuten spielte Dieter Waltke bei Weltmeisterschaften – doch die machten ihn berühmt. Im WM-Finale 1978 gegen die Sowjetunion kam er beim Stand von 13:12 für die deutsche Auswahl ins Spiel. Der Linksaußen erzielte drei Treffer in Folge zum 16:12 und sorgte damit für die Vorentscheidung. Deutschland gewann mit 20:19 und holte den Titel. „Jimmy" war vom damaligen Bundestrainer Stenzel bei einem Spiel einer ostwestpfälzischen Kreisauswahl gegen die B-Nationalmannschaft entdeckt und gefördert worden. Mit GW Dankersen holte Dieter Waltke 1976 den DHB-Pokal und wurde 1977 Deutscher Meister. Er wechselte zum TuS Nettelstedt und gewann 1981 neben dem DHB-Pokal auch noch den Europapokal der Pokalsieger.

Land: Deutschland
Geburtsdatum: 26.12.1953
Position: LA
Länderspiele: 76
WM-Teilnahmen: 1978
Stationen: TV Hille, GW Dankersen, TuS Nettelstedt

WAS

Daniel Waszkiewicz

Als sein Landsmann Marek Panas 1987 in Kiel seine Spielerkarriere beendete und den THW als Trainer übernahm, verpflichtete er Daniel Waszkiewicz als seinen Nachfolger auf der Spielmacherposition. Waszkiewicz, der zuvor bereits fünfmal die polnische Meisterschaft gewonnen hatte, galt zu dieser Zeit als einer der besten Handballer der Welt. Mit der polnischen Auswahl belegte er bei den Olympischen Spielen 1980 in Moskau Platz sieben und holte bei der WM 1982 die Bronzemedaille. 1991 wechselte er weiter zum VfL Bad Schwartau, wo der Rechtshänder seine Karriere beendete. In 155 Bundesligaspielen erzielte Waszkiewicz 735 Treffer. Heute arbeitet er als Co-Trainer der polnischen Nationalmannschaft und trainiert die Mannschaft von Gwyzdin.

Land: Polen
Geburtsdatum: 07.01.1957
Position: RM

Länderspiele: 210
WM-Teilnahmen: 1982, 1986

Stationen: Wybrzeze Gdansk, THW Kiel, VfL Bad Schwartau

Steffen Weber

Hätte Zweitligist Eintracht Wiesbaden 1994 keine Geldsorgen gehabt, vermutlich wäre Steffen Weber bei der TG Hochheim in der Oberliga geblieben. Doch der Mittelmann nutzte seine Chance und avancierte bereits in seiner ersten Saison zum besten Torschützen der Zweiten Bundesliga. Der benachbarte Erstligist SG Wallau-Massenheim wurde auf Weber aufmerksam und verpflichtete ihn zu Saisonbeginn 1996/97. Unter Trainer Kristjan Arason kam Weber allerdings nur selten zum Einsatz. Das änderte sich erst unter Velimir Kljaic, der auf den beweglichen Spieler setzte. Und auch Bundestrainer Heiner Brand erkannte die Klasse des Rückraumspielers und nominierte ihn für die DHB-Auswahl. So schaffte Weber innerhalb von vier Jahren den Aufstieg von der Bezirksliga in die Nationalmannschaft.

Land: Deutschland
Geburtsdatum: 16.11.1972
Position: RM

Länderspiele: 80
WM-Teilnahmen: 2001, 2003, 2005,

Stationen: E. Wiesbaden, SG Wallau-Massenheim, SG Kronau/Ö., Münster

WEN

Bogdan Wenta

In seinem Heimatland gilt der gebürtige Pole als „Handball-Denkmal". Von 1981 bis 1993 spielte Bogdan Wenta für Polen, nahm an der Weltmeisterschaft 1986 (Platz 14) in der Schweiz teil und wurde vier Jahre später in der Tschechoslowakei (Platz 11) ins WM-Allstar-Team gewählt. Seit 1997 besitzt er die deutsche Staatsbürgerschaft und erzielte während der folgenden drei Jahre in 50 Spielen für die DHB-Auswahl 144 Tore. Der Rückraumspieler bestritt mit der deutschen Mannschaft die Europameisterschaft 1998 in Italien (Platz 3) sowie die Weltmeisterschaft 1999 in Ägypten (Platz 5). Zudem erfüllte sich 2000 in Sydney sein Traum von der Olympiateilnahme (Platz 5), obwohl er zuvor nach zwei Achillessehnenrissen vor dem Ende seiner Kariere stand. Große Erfolge feierte Wenta, der erst im Alter von 15 Jahren nur deshalb zum Handball kam, weil das an seiner neuen Schule Pflicht war, mit seinen Vereinsmannschaften. Der Rechtshänder wurde sechsmal Polnischer Meister, je einmal Spanischer Meister und Pokalsieger mit dem FC Barcelona, sowie Gewinner des Europapokals der Pokalsieger 1994 und 1995. Während seiner sechsjährigen Zeit in Spanien wurde der Pole dreimal zum besten Spieler der spanische Liga gewählt. 1995 wechselte er in die Bundesliga, zuerst zu TuS Nettelstedt, später spielte er für die SG Flensburg-Handewitt, mit der er 2001 erneut den Europapokal der Pokalsieger gewann. In 164 Bundesligaspielen erzielte er 668 Tore und war 1996 und 1997 unter den besten Torschützen der Saison zu finden. Seit 2004 ist Bogdan Wenta Trainer der polnischen Nationalmannschaft und übernahm zu Beginn der Saison 2006/2007 das Traineramt beim SC Magdeburg.

Land: Polen, Deutschland
Geburtsdatum: 19.11.1961
Position: RM

Länderspiele: 248
WM-Teilnahmen: 1986, 1990, 1999

Stationen: GKS Gdansk, Bidasoa Irun, FC Barcelona, Nettelstedt, SG Fl.-Handewitt

WEN

WIE

Ingolf Wiegert

Während seiner Glanzzeit in den 1980er Jahren galt Ingolf Wiegert als weltbester Kreisläufer. Der 1,84 Meter große und 90 Kilogramm schwere Athlet war extrem beweglich – er galt als der Mann mit den Kugellagern in den Hüften und schonte weder sich noch seine Gegenspieler. Höhepunkt seiner Karriere war der Olympiasieg 1980 in Moskau gegen die Sowjetunion, zu dem er entscheidend beitrug. Dreimal nahm Wiegert an Weltmeisterschaften teil: 1978 wurde er mit der DDR-Auswahl Dritter ebenso wie 1986. 1982 landete er mit der Nationalmannschaft auf dem sechsten Rang. In seinen 225 Länderspielen erzielte er fast 800 Tore, profitierte dabei vom perfekten Zusammenspiel mit Frank-Michael Wahl. Mit dem SC Magdeburg, zu dem er nach seinen ersten handballerischen „Gehversuchen" beim TuS Fortschritt Magdeburg gewechselt war, gewann Wiegert achtmal die DDR-Meisterschaft, dreimal den nationalen Pokal, zudem zweimal den Europapokal der Landesmeister und einmal die Europameisterschaft für Vereinsmannschaften. In 221 Punktspielen für den SC Magdeburg erzielte er 1116 Tore. Nach einer missglückten Achillessehnenoperation beendete Ingolf Wiegert 1988 seine Karriere und wechselte nahtlos ins Trainergeschäft.

Land: DDR
Geburtsdatum: 03.11.1957
Position: KM

Länderspiele: 225
WM-Teilnahmen: 1978, 1982, 1986

Stationen: TuS Fortschritt Magdeburg, SC Magdeburg

Holger Winselmann

Holger Winselmann war nach der Wiedervereinigung der erste Kapitän der gesamtdeutschen Nationalmannschaft. Schon in der DDR gehörte der Rechtsaußen zu den besten Spielern und führte die Nationalmannschaft als Kapitän an. Der 1,73 Meter große Magdeburger spielte immer mit vollem Einsatz, war schnell und besaß einen sicheren Wurf. Schon früh in seiner Karriere feierte Winselmann mit dem SC Magdeburg Erfolge. So gewann er 1979 bei der Schüler- und Jugendspartakiade die Goldmedaille. Schnell wurde er in die erste Mannschaft integriert, wo er mit Akteuren wie Günter Dreibrodt und Ingolf Wiegert zusammenspielte. In der Folge gewann er mit dem SC Magdeburg in der DDR fünfmal die Meisterschaft und wurde zweimal Pokalsieger. Im Dezember 1983 gab Winselmann sein Debüt in der Nationalmannschaft und gewann 1986 bei seiner ersten Weltmeisterschaft in der Schweiz die Bronzemedaille. In der Bundesliga erreichte er mit dem SCM 1991, in der ersten Saison nach der Wiedervereinigung, den Meistertitel in der ersten Liga Nordost, unterlag dann aber im gesamtdeutschen Endspiel dem VfL Gummersbach. Bei den Olympischen Spielen 1992 in Barcelona war Winselmann der deutsche Spieler mit der höchsten Wurfeffektivität und erreichte mit der gesamtdeutschen Auswahl Platz 10.

Land: DDR, Deutschland
Geburtsdatum: 11.11.1963
Position: RA

Länderspiele: 234
WM-Teilnahmen: 1986, 1990, 1995

Stationen: SG Post Magdeburg, SC Magdeburg, FSV Magdeburg

WIS

Hans Einar Magnus Wislander

Der Welthandballer des Jahrhunderts hat mit der Nationalmannschaft alles gewonnen – nur der Olympiasieg fehlt dem Schweden. Gleich dreimal (1992, 1996, 2000) scheiterte er mit der Auswahl Schwedens im Finale. Zweimal wurde Wislander bei acht Teilnahmen Weltmeister, viermal wurde er Europameister. In 384 Länderspielen erzielte Magnus „der Große" 1185 Tore. Auf Vereinsebene gewann er zwölfmal die Landesmeisterschaft, allein siebenmal mit dem THW Kiel, den er von 1992 bis 2001 als Kapitän von Erfolg zu Erfolg führte. Wislander, der nur zum Handball kam, weil in Schweden im Winter kein Fußball gespielt wurde, erreichte bei seiner ersten WM 1986 in der Schweiz mit dem schwedische Team Platz vier. Vier Jahre später wurde Schweden dank Wislander überraschend Weltmeister. Im selben Jahr wurde er zum Handballer des Jahres gewählt und wechselte zum THW Kiel. Höhepunkte seiner Karriere waren zweifellos die Weltmeisterschaft 1999, als Schweden den Titel gegen Russland gewann (25:24), sowie die Europameisterschaft ein Jahr darauf, als man erneut gegen Russland triumphierte (32:31 n.V.). 2002 gewann Wislander, der wegen seiner geschmeidigen Spielweise „Slagen" (Schlauch) genannt wurde, mit Schweden zum dritten Mal in Folge die Europameisterschaft. Der deutsche Meistertitel und der Gewinn des EHF-Cups im selben Jahr krönten seine Zeit beim THW Kiel, für den er in 357 Bundesligaspielen 1328 Tore erzielte. Vor Heiner Brand und Jochen Fraatz wurde er zum „Bundesliga-Superstar" gewählt. Nach der Rückkehr zu seinem Heimatverein Redbergslid IK beendete Wislander, der 2004 bei der EM Platz sieben erreichte, 2005 endgültig seine Karriere. Heute arbeitet Wislander wieder als Postbote in Göteborg.

Land: Schweden
Geburtsdatum: 22.02.1964
Position: RM, KM

Länderspiele: 384
WM-Teilnahmen: 1986, '90, '93, '95, '97, '99, 2001, '03

Stationen: Tuve IF, Redbergslid IK Göteborg, THW Kiel

WUN

Erhard Wunderlich

Deutschlands Handballer des Jahrhunderts legte in seiner Karriere einen Blitzstart hin. Als 14-Jähriger entschied sich der gebürtige Augsburger zugunsten des Handballs und gegen Fußball, Eishockey und Basketball. Bei einem Freundschaftsspiel gegen den VfL Gummersbach im Juli 1976 fiel er den Verantwortlichen des Traditionsvereins durch seine Torgefährlichkeit auf. Der 19-jährige Wunderlich wechselte nach Gummersbach und gab bereits im November des gleichen Jahres gegen Rumänien sein Debüt in der Nationalmannschaft. 1978 gewann er mit dem DHB-Team den Weltmeistertitel, gehörte aber nicht zu den Stammspielern. Erst nach dem tragischen Unfall von Joachim Deckarm übernahm er dessen Rolle als Torjäger – im Verein wie in der Nationalmannschaft. Nach einem enttäuschenden siebten Platz bei der WM 1982 im eigenen Land, führte er das Nationalteam 1984 bei den Olympischen Spielen in Los Angeles zur Silbermedaille. Zwei Jahre später beendete er nach 140 Spielen, in denen er 504 Tore erzielte, seine Karriere im Nationaltrikot. Mit dem VfL errang Wunderlich, der 1982 und 1983 Torschützenkönig der Bundesliga wurde, alle zu vergebenden Titel. Zweimal wurde er Deutscher Meister, viermal Pokalsieger. Im Europapokal gewann er sieben Endspiele mit den Oberbergern. Deutschlands zweimaliger Handballer des Jahres wechselte 1983 zum FC Barcelona und kehrte ein Jahr später in die Bundesliga zum TSV Milbertshoven zurück. 1988 beendete er seine Bundesligakarriere, feierte aber nur kurze Zeit später unter Trainer Vlado Stenzel ein Comeback beim Zweitligisten VfL Bad Schwartau. Zusammen retteten sie den Club vor dem Abstieg und führten ihn in die Erste Bundesliga.

Land: Deutschland
Geburtsdatum: 14.12.1956
Position: RL

Länderspiele: 140
WM-Teilnahmen: 1978, 1982, 1986

Stationen: VfL Gummersbach, FC Barcelona, TSV Milbertshofen, Bad Schwartau

Kreissp
Köln
VfL Gummersbach
VfL Gummersba
WERBEMITTELVERTRIEB
9
Fiedler
OLDSTARS

YOO

Kyung-Shin Yoon

Ohne ein Wort Deutsch oder Englisch zu sprechen, wechselte Kyung-Shin Yoon, der schon bei den Olympischen Spielen 1988 und 1992 für Furore sorgte, im Jahr 1995 zum VfL Gummersbach. Seinen endgültigen Durchbruch schaffte der Linkshänder bei der Weltmeisterschaft 1995, bei der er mit 86 Treffern Torschützenkönig wurde – damit stellte er den WM-Rekord seines Landsmanns Joe-Won Kang aus dem Jahr 1986 ein. Yoon nahm an vier Olympischen Spielen teil und gewann 1988 in Seoul sensationell Silber. In Gummersbach avancierte „Nick“, wie der Koreaner genannt wurde, weil er Anweisungen stets mit einem Nicken quittierte, zum Publikumsliebling. Trotz zahlreicher guter Angebote hielt Yoon dem VfL elf Jahre lang, auch in schlechten Zeiten, in denen Konkurs und Abstieg drohte, die Treue. Mit seinen Treffern bewahrte er den Traditionsverein vor dem Sturz in die Bedeutungslosigkeit und wurde sechsmal Torschützenkönig der Bundesliga. In der Saison 2000/01 stellte er mit 324 Toren in 38 Spielen (darunter 74 Siebenmetern) einen neuen Rekord auf – im Schnitt erzielte er 8,53 Tore pro Spiel. Im selben Jahr wurde er zum Welthandballer gewählt. Nach sieben Jahren Bundesliga blieb Yoon in der Saison 2003/04 im Spiel beim HSV Hamburg erstmals ohne Torerfolg. Im November 2005 war es dem Koreaner vorbehalten, das 10 000. Heimtor der Gummersbacher in der Bundesliga zu werfen. In der ewigen Bundesliga-Torschützenliste belegt er mit bisher erzielten 2481 Toren aus 339 Spielen Rang zwei hinter Jochen Fraatz. Als bisher einziger Spieler wurde Kyung-Shin Yoon zweimal Torschützenkönig bei Weltmeisterschaften (1995 und 1997). Seit der Spielzeit 2006/07 spielt er für den HSV Hamburg. Durch ein 39:35 gegen den THW Kiel gewann er mit den Hanseaten auf Anhieb den Supercup.

Land: Südkorea
Geburtsdatum: 07.07.1973
Position: RR

Länderspiele: 255
WM-Teilnahmen: 1993, 1995, 1997, 1999, 2001

Stationen: Kyung-Hee-Universität Seou, VfL Gummersbach, HSV Hamburg

ZEI

Christian Zeitz

Der einst als Jahrhunderttalent gepriesene Linkshänder ist ein Instinkthandballer. Seine Längennachteile im rechten Rückraum bei nur 1,86 Meter Körpergröße kompensiert der Östringer durch unkonventionelles Spiel und einen gewaltigen Wurf. Doch lange Zeit stand Zeitz seiner Karriere selbst im Weg – so wog er während seiner Tätigkeit beim TSV Östringen zeitweise 107 Kilogramm. Nachdem Bundestrainer Heiner Brand die mangelnde Einstellung des Rückraumspielers mit einer Nichtberücksichtigung bestrafte, speckte Zeitz innerhalb von drei Monaten auf 86 Kilogramm ab. Gleich bei seiner ersten EM 2002 in Schweden erzielte er in seinem ersten Spiel über die volle Distanz gegen Slowenien fünf Treffer. Zu diesem Zeitpunkt war Zeitz der einzige Spieler im Kader, der nicht in der Ersten Liga spielte. Später folgten der Wechsel zum THW Kiel und zwei deutsche Meisterschaften. „Ich habe mir keinen Kopf gemacht und bin einfach aufs Spielfeld gegangen und habe dann das gemacht, was ich kann: Drauf halten und Tore machen", sagte Zeitz während der WM 2003, bei der die Deutschen auch dank des manchmal schlampigen Genies ins Finale einzogen. Im Halbfinalspiel gegen Frankreich traf Zeitz 70 Sekunden vor Schluss zum vorentscheidenden 23:21.

Land: Deutschland
Geburtsdatum: 18.11.1980
Position: RR, RA

Länderspiele: 121
WM-Teilnahmen: 2003, 2005

Stationen: TSV Östringen, SG Kronau/Östringen, THW Kiel

Uros Zorman

Seinen größten Erfolg feierte Uros Zorman bei der Europameisterschaft 2004 im eigenen Land. Erst im Finale war die slowenische Auswahl um Regisseur Zorman der deutschen Nationalmannschaft mit 25:30 unterlegen und gewann überraschend die Silbermedaille. 2001 in Frankreich spielte der Rechtshänder seine erste Weltmeisterschaft, konnte sich aber mit Slowenien, ebenso wie 2003 in Portugal und 2005 in Tunesien, nicht unter den besten zehn Mannschaften platzieren und erreichte bei den Olympischen Spielen 2004 in Athen den elften Rang. Mit Celje Pivovarna Lasko gewann der 1,89 Meter große, technisch versierte Rückraumspieler 2004 die Champions League, durch zwei Siege in den Finalspielen gegen die SG Flensburg-Handewitt.

Land: Slowenien
Geburtsdatum: 09.01.1980
Position: RM

Länderspiele: 98
WM-Teilnahmen: 2001, 2003, 2005

Stationen: Slovan, Mobitel Prule 67 Ljubljana, Ademar Leon, Celje Pivovarna Lasko

Volker Zerbe

„Der Lange", wie Zerbe angesichts einer Körpergröße von 2,11 Meter genannt wird, hat den deutschen Handball der 1990er Jahre geprägt. Auch wenn ihm in seiner Karriere lange Zeit das Image des Seuchenvogels anhaftete, weil er keinen Titel mit der Nationalmannschaft erringen konnte, gehörte der Linkshänder stets zu den Leistungsträgern seines Teams. Abwehrstark, spielintelligent und torgefährlich aus dem Rückraum – ein kompletter Spieler, den jeder Trainer gern in seiner Mannschaft hatte. So gab Bundestrainer Heiner Brand den 34-jährigen Zerbe für die Vorbereitungszeit auf die WM 2003 frei, um dem Spieler eine Pause zu gönnen. Der ruhige, manchmal phlegmatisch wirkende Rotschopf dankte es mit 21 Toren in neun Spielen – im Finale gegen Kroatien musste er allerdings wegen einer Verletzung zuschauen. Ein Jahr zuvor hatte er bei der Europameisterschaft mit Silber seine erste Medaille mit der Nationalmannschaft errungen. Bei den europäischen Titelkämpfen 2004 folgte die Krönung mit dem Finalsieg gegen Slowenien. Nach Platz zwei bei den Olympischen Spielen 2004 in Athen, beendete Zerbe endgültig seine Nationalmannschaftskarriere, ein erneutes Comeback wie bereits dreimal zuvor, nach jeweils rund einjährigen Auszeiten, sollte es nicht mehr geben. Nach der Saison 2005/06 beendete er auch seine Laufbahn beim TBV Lemgo nach insgesamt 586 Bundesligaspielen. In der ewigen Torschützenliste der Bundesliga belegt Zerbe mit 1977 Treffern den sechsten Rang. Zum Abschluss gelang ihm mit dem TBV noch der Sieg im EHC-Pokal. Der gelernte Bankkaufmann wechselte anschließend ins Management des Bundesligavereins, dem er stets die Treue gehalten hatte.

Land: Deutschland
Geburtsdatum: 30.06.1968
Position: RR

Länderspiele: 284
WM-Teilnahmen: 1993, 1995, 1999, 2003

Stationen: TBV Lemgo

ZER

DIE WELTMEISTERSCHAFTEN

1938 in Deutschland

kein Finale*

1. Deutschland
2. Österreich
3. Schweden

1954 in Schweden

Schweden – Deutschland 17:14

1. Schweden
2. Deutschland
3. Tschechoslowakei

1958 in der DDR

Schweden – Tschechoslowakei 22:12

1. Schweden
2. Tschechoslowakei
3. Deutschland

1961 in Deutschland

Rumänien – CSSR 9:8 (n. V.)

1. Rumänien
2. Tschechoslowakei
3. Schweden

1964 in der Tschechoslowakei

Rumänien – Schweden 25:22

1. Rumänien
2. Schweden
3. Tschechoslowakei

1967 in Schweden

Tschechoslowakei – Dänemark 14:11

1. Tschechoslowakei
2. Dänemark
3. Rumänien

* Der Titel wurde unter den vier Teilnehmern im Modus „Jeder gegen Jeden“ ausgespielt

1970 in Frankreich

Rumänien – DDR 13:12 (n. V.)

1. Rumänien
2. DDR
3. Jugoslawien

1974 in der DDR

Rumänien – DDR 14:12

1. Rumänien
2. DDR
3. Jugoslawien

1978 in Dänemark

BR Deutschland – UdSSR 20:19

1. BR Deutschland
2. UdSSR
3. DDR

1982 in Deutschland

UdSSR – Jugoslawien 30:27 (n. V.)

1. UdSSR
2. Jugoslawien
3. Polen

1986 in der Schweiz

Jugoslawien – Ungarn 27:23

1. Jugoslawien
2. Ungarn
3. DDR

1990 in der Tschechoslowakei

Schweden – UdSSR 27:23

1. Schweden
2. UdSSR
3. Rumänien

1993 in Schweden

Russland – Frankreich 28:19
1. Russland 2. Frankreich 3. Schweden

1995 in Island

Frankreich – Kroatien 23:19
1. Frankreich 2. Kroatien 3. Schweden

Frankreich gewinnt 2001 zum zweiten Mal nach 1995 die Weltmeisterschaft.

1997 in Japan

Russland – Schweden 23:21

1. Russland
2. Schweden
3. Frankreich

1999 in Ägypten

Schweden – Russland 25:24

1. Schweden
2. Russland
3. Jugoslawien

2001 in Frankreich

Frankreich – Schweden 28:25 (n. V.)

1. Frankreich
2. Schweden
3. Jugoslawien

2003 in Portugal

Kroatien – Deutschland 34:31

1. Kroatien
2. Deutschland
3. Frankreich

2005 in Tunesien

Spanien – Kroatien 40:34

1. Spanien
2. Kroatien
3. Frankreich

DIE EUROPAMEISTERSCHAFTEN

1994 in Portugal

Schweden – Russland 34:21

1. Schweden (Finale 34:21)
2. Russland
3. Spanien

1996 in Spanien

Russland – Spanien 23:22

1. Russland
2. Spanien
3. Jugoslawien

1998 in Italien

Schweden – Spanien 25:23

1. Schweden
2. Spanien
3. Deutschland

2000 in Kroatien

Schweden – Russland 32:31 (n. V.)

1. Schweden
2. Russland
3. Spanien

2002 in Schweden

Schweden – Deutschland 33:31 (n. V.)

1. Schweden
2. Deutschland
3. Dänemark

2004 in Slowenien

Deutschland – Slowenien 30:25

1. Deutschland
2. Slowenien
3. Dänemark

2006 in der Schweiz

Frankreich – Spanien 31:23
1. Frankreich 2. Spanien 3. Dänemark

Die französische Nationalmannschaft feiert den Gewinn der Europameisterschaft 2006.

OLYMPISCHE SPIELE

1936 Berlin

Deutschland – Österreich 10:6

1. Deutschland
2. Österreich
3. Schweiz

1972 München

Jugoslawien – CSSR 21:16

1. Jugoslawien
2. Tschechoslowakei
3. Rumänien

1976 Montreal

UdSSR – Rumänien 19:15

1. UdSSR
2. Rumänien
3. Polen

1980 Moskau

DDR – UdSSR 23:22 (n. V.)

1. DDR
2. UdSSR
3. Rumänien

1984 Los Angeles

Jugoslawien – BRD 18:17

1. Jugoslawien
2. BR Deutschland
3. Rumänien

1988 Seoul

UdSSR – Südkorea 32:25

1. UdSSR
2. Südkorea
3. Jugoslawien

1992 Barcelona

GUS – Schweden 22:20

1. GUS
2. Schweden
3. Frankreich

2000 Sydney

Russland – Schweden 28:26

1. Russland
2. Schweden
3. Spanien

1996 Atlanta

Kroatien – Schweden 27:26

1. Kroatien
2. Schweden
3. Spanien

2004 Athen

Kroatien – Deutschland 26:24

1. Kroatien
2. Deutschland
3. Russland

In einem spannenden Finale gegen Deutschland gewinnt die kroatische Nationalmannschaft bei den Olympischen Spielen 2004 in Athen die Goldmedaille.

SPIELPLAN DER WM 2007

Handball-Weltmeisterschaft 2007 in Deutschland

Vorrunde

Gruppe A – Wetzlar

- Tunesien
- Slowenien
- Kuwait
- Grönland

20.01.	Tunesien – Kuwait
20.01.	Slowenien – Grönland
21.01.	Grönland – Tunesien
21.01.	Kuwait – Slowenien
22.01.	Tunesien – Slowenien
22.01.	Kuwait – Grönland

Gruppe B – Magdeburg

- Frankreich
- Island
- Ukraine
- Australien

20.01.	Frankreich – Ukraine
20.01.	Island – Australien
21.01.	Australien – Frankreich
21.01.	Ukraine – Island
22.01.	Frankreich – Island
22.01.	Ukraine – Australien

Gruppe C – Berlin / Halle (Westfalen)

- Deutschland
- Polen
- Brasilien
- Argentinien

19.01.	Deutschland – Brasilien
20.01.	Polen – Argentinien
21.01.	Argentinien – Deutschland
21.01.	Brasilien – Polen
22.01.	Deutschland – Polen
22.01.	Brasilien – Argentinien

Gruppe D – Bremen

- Spanien
- Tschechien
- Ägypten
- Katar

20.01.	Spanien – Ägypten
20.01.	Tschechien – Katar
21.01.	Katar – Spanien
21.01.	Ägypten – Tschechien
22.01.	Spanien – Tschechien
22.01.	Ägypten – Katar

SPIELPLAN DER WM 2007

Gruppe E – Kiel

Dänemark
Norwegen
Ungarn
Angola

20.01.	Dänemark – Ungarn
20.01.	Norwegen – Angola
21.01.	Angola – Dänemark
21.01.	Ungarn – Norwegen
22.01.	Dänemark – Norwegen
22.01.	Ungarn – Angola

Gruppe F – Stuttgart

Kroatien
Russland
Marokko
Südkorea

20.01.	Kroatien – Marokko
20.01.	Russland – Südkorea
21.01.	Südkorea – Kroatien
21.01.	Marokko – Russland
22.01.	Kroatien – Russland
22.01.	Marokko – Südkorea

Hauptrunde

Gruppe M I

24.01.	Halle*	1.A – 2.C
24.01.	Dortmund	2.B – 1.C
24.01.	Dortmund	2.A – 1.B
25.01.	Halle	2.B – 1.A
25.01.	Halle	1.C – 1.B
25.01.	Dortmund*	2.A – 2.C
27.01.	Halle	2.B – 2.C
27.01.	Halle	1.B – 1.A
27.01.	Dortmund*	1.C – 2.A
28.01.	Halle	1.A – 1.C
28.01.	Halle	2.B – 2.A
28.01.	Dortmund*	2.C – 1.B

*Deutschland spielt in der Hauptrunde, sofern man sich qualifiziert, in Halle am 24.01. und in Dortmund am 25.01., 27.01. und 28.01.2007.

Gruppe M II

24.01.	Mannheim	1.D – 2.F
24.01.	Mannheim	2.E – 1.F
24.01.	Mannheim	2.D – 1.E
25.01.	Mannheim	2.E – 1.D
25.01.	Mannheim	1.F – 1.E
25.01.	Mannheim	2.D – 2.F
27.01.	Mannheim	2.E – 2.F
27.01.	Mannheim	1.E – 1.D
27.01.	Mannheim	1.F – 2.D
28.01.	Mannheim	1.D – 1.F
28.01.	Mannheim	2.E – 2.D
28.01.	Mannheim	2.F – 1.E

Platzierungsrunde: Plätze 13 bis 18

Gruppe I

24.01.	Lemgo	3.A – 3.B
25.01.	Lemgo	3.A – 3.C
27.01.	Lemgo	3.B – 3.C

Gruppe II

24.01.	Lemgo	3.D – 3.E
25.01.	Lemgo	3.D – 3.F
27.01.	Lemgo	3.E – 3.F

Platzierungsrunde: Plätze 19 bis 24

Gruppe III

24.01.	Halle	4.A – 4.B
25.01.	Dortmund	4.A – 4.C
27.01.	Dortmund	4.B – 4.C

Gruppe IV

24.01.	Halle	4.D – 4.E
25.01.	Dortmund	4.D – 4.F
27.01.	Dortmund	4.E – 4.F

Platzierungsspiele: Plätze 9 bis 24

Platz 23/24	28.01.	Dortmund	3.III – 3.IV
Platz 21/22	28.01.	Dortmund	2.III – 2. IV
Platz 19/20	28.01.	Dortmund	1.III – 1. IV
Platz 17/18	28.01.	Lemgo	3.I – 3. II
Platz 15/16	28.01.	Lemgo	2.I – 2. II
Platz 13/14	28.01.	Lemgo	1.I – 1. II
Platz 11/12	30.01.	Köln	6.M I – 6.M II
Platz 9/10	30.01.	Hamburg	5.M I – 5.M II

Viertelfinale

V1	30.01.	Köln*	1.M I – 4.M II
V2	30.01.	Köln	3.M I – 2.M II
V3	30.01.	Hamburg	1.M II – 4.M I
V4	30.01.	Hamburg	3.M II – 2.M I

* Deutschland spielt nach Beendigung der Hauptrunde, sofern man sich für das Viertelfinale qualifiziert, in Köln.

SPIELPLAN DER WM 2007

Platzierungsrunde: Plätze 5 bis 8

P1	01.02.	Köln	Verlierer V1 – Verlierer V2
P2	01.02.	Hamburg	Verlierer V3 – Verlierer V4

Platzierungsspiele: Plätze 5 bis 8

Platz 7/8	01.02.	Köln	Verlierer P1 – Verlierer P2
Platz 5/6	01.02.	Köln	Sieger P1 – Sieger P2

Halbfinale

H1	01.02.	Köln	Sieger V1 – Sieger V2
H2	01.02.	Hamburg	Sieger V3 – Sieger V4

Spiel um Platz 3

04.02.	Köln	Verlierer H1 – Verlierer H2

Finale

04.02.	Köln	Sieger H1 – Sieger H2

Nach dem Sieg im Finale 2005 gegen Kroatien präsentiert sich die spanische Nationalmannschaft mit dem WM-Pokal.

Register

REGISTER

LITERATURNACHWEIS

Literatur

25 Jahre Handball-Bundesliga, Deutscher Sportverlag, Köln, 2002;
Brand, Heiner/Schneller, Frank: Heiner Brand Inteam, Verlag wero press GmbH, Pfaffenweiler, 2004;
Handballwoche, Deutscher Sportverlag, Köln, Ausgaben seit 1954;
Steiner, Johann: Handball-Geschichte(n), Siebenbürger Sachsen und Banater Schwaben ebnen Rumänien den Weg zum Gewinn von sieben Weltmeistertiteln, ADZ Verlag, Bukarest, 2003;

Online-Dienste

www.national-handball-teams.com; www.ihf.info; www.eurohandball.com; www.handballdaten.de; www.handball-bundesliga.de; www.dsv.de

Danksagung

Der Autor dankt für die Unterstützung der Internationalen Handball Federation IHF, der Europäischen Handball Federation EHF, dem Deutschen Handball-Bund, den nationalen Handballverbänden, den Vereinen und zahlreichen ehemaligen und aktiven Spielern.
Besonderer Dank gebührt Petre Ivanescu, Alfred Gislason, Bogdan Wenta, Wolfgang Gütschow, Ola Lindgren, Karl-Walter Reinhardt, Peter Hoenisch, Jördis Damrath, Jesus Ruiz und Stefan Elfgen